Ihre Finanzen fest im Griff

Erfolgreiche Geldanlage und Vorsorge in der Nullzins-Welt

Hartmut Walz

1. Auflage

HAUFE.

Inhalt

Vorwort

Sie stehen mitten im Leben, haben lange Tage, viele Rollen, Pflichten, Interessen und Hobbys. Sie haben weder Luft noch Lust, viel Zeit und Mühe auf Themen rund um Geldanlage und Vorsorge zu verwenden oder sich ständig mit Ihren Finanzen zu beschäftigen. Bei Banken, Sparkassen, Versicherern und sonstigen Finanzvertrieben stehen Sie hoch im Kurs. Sie werden häufig angeschrieben und zu »kostenlosen Beratungsgesprächen« oder »Informationsveranstaltungen« eingeladen, die Sie jedoch als reine Verkaufsmaßnahmen identifiziert haben. Sie haben vielleicht über die Jahre sogar schon den einen oder anderen Spar- oder Vorsorgevertrag abgeschlossen, sind aber heute unsicher, ob das eine gute Entscheidung war – und überlegen nun, ob ein Fortführen mit oder ohne weitere Zahlungen oder sogar die Kündigung eventuell besser wäre. Außerdem sind Sie unsicher, was diese verrückte Nullzinswelt für Sie und Ihre Familie nun konkret bedeutet. Was ist zu tun?

Mein Tipp: Lesen Sie diesen TaschenGuide. Er bietet Ihnen Orientierung und wertvolle Umsetzungshilfen für Entscheidungssituationen und Lebensfragen rund um Geld und Altersvorsorge in der Nullzinswelt – neutral, prägnant und verständlich. Sie erhalten klare Antworten auf die drängendsten Fragen zu Geldanlage und finanzieller Vorsorge. Sie haben damit die Möglichkeit, Ihre finanziellen Themen rasch, zeit- und nervenschonend anzupacken.

Viele wertvolle Erkenntnisse wünscht Ihnen

Ihr Hartmut Walz

Rahmenbedingungen, die Sie kennen sollten

Selten war es so kompliziert, sein Geld gewinnbringend anzulegen wie heute. In diesem Kapitel lernen Sie die Fallstricke von Geldanlage und Vorsorge in der Nullzinswelt kennen. Sie erfahren unter anderem,

- wie herausfordernd die Kombination von Niedrigzinsen, Inflation, Besteuerung und Kosten für Ihre Geldanlage und Vorsorge ist,
- wie Ihre Finanzberater an Ihnen verdienen und warum es ihnen so schwerfällt, Sie neutral zu beraten,
- warum es so schwierig ist, neutrale Informationen zu bekommen.

Herausfordernde Rahmenbedingungen

Die aktuelle Ausgangslage für Ihre Geldanlage- bzw. Vorsorgebemühungen ist in der Tat höchst **herausfordernd** und verdient die Bezeichnung **»noch nie dagewesen«**. Die zentralen Herausforderungen unserer heutigen Zeit sind

- Null- und Negativzinsen, wohin das Auge blickt,
- die unheilvolle Kombination von Inflation und Steuern, die an Ihrer Vermögenssubstanz nagt,
- negative Auswirkungen des billigen Geldes auch auf andere Anlagen wie z. B. Immobilien oder Aktien,
- eine unübersichtliche Vielfalt von Angeboten an Finanz- und Vorsorgeprodukten, von denen jedoch nur ein kleiner Teil wirklich so vorteilhaft ist, wie es angepriesen wird,
- hohe, meist gut versteckte Kosten,
- das Eigeninteresse der Finanzvertriebe, die Ihnen oftmals zu für Sie nachteiligen Verträgen raten,
- Informationsüberflutung, Falschinformation und »Finanzpornografie«.

Sie sehen: Viele Gefahren und Fallstricke lauern auf Ihrem Trip durch den Finanzdschungel. Aber ich bin hier zu Hause. Ich verspreche Ihnen, ein guter und verständlicher Führer zu sein und Ihnen zu helfen, in der Nullzinswelt zu überleben.

Null- und Negativzinswelt

Der langfristige Abwärtstrend bei den Marktzinsen in der Eurozone hat im Jahr 2016 einen vermeintlichen Tiefpunkt erreicht und schwankt seither um die Nulllinie. Während Banken bei der EZB sogar Negativzinsen – konkret: minus 0,5 % p. a. – für Einlagen bezahlen, betragen die Spar- und Einlagenzinsen für den privaten Anleger ganz überwiegend null. Selbst auf **Tagesgeldkonten** lässt sich, von zeitlich begrenzten Lockvogelangeboten abgesehen, nur selten mehr als ein halber Prozentpunkt Rendite gewinnen. Und sichere **Bundesanleihen** bescheren uns sogar einen jährlichen Zinsverlust, der bei kurzen Laufzeiten bei minus 0,7 bis minus 0,8 % p. a. und selbst bei zehnjähriger Bindung noch bei minus 0,7 % p. a. verharrt. Selbst dreißigjährige Bundesanleihen sind in den negativen Bereich gerutscht.

Rendite der dreißigjährigen deutschen Bundesanleihe (Datenquelle: Deutsche Bundesbank)

Rund 2,5 Billionen Euro, also 2.500.000.000.000 Euro (!), – und damit rund 40 % des gesamten Geldvermögens der Deutschen – sind Stand 2019 zinsfrei oder zu Minizinsen angelegt.

Die folgende Abbildung zeigt das Gesamtbild, bezogen auf die Durchschnittsbeträge pro Bundesbürger. Eine kurze Interpretation: Mit über 80 % ihres Geldvermögens erzielen die Deutschen aktuell keinen realen Vermögenserhalt. Da sie die geringen Erträge *vor* Inflation auch noch versteuern müssen, bleibt *nach* Inflation bestenfalls bei Aktien und bei Fonds mit hohem Aktienanteil eine Rendite über der Inflationsrate.

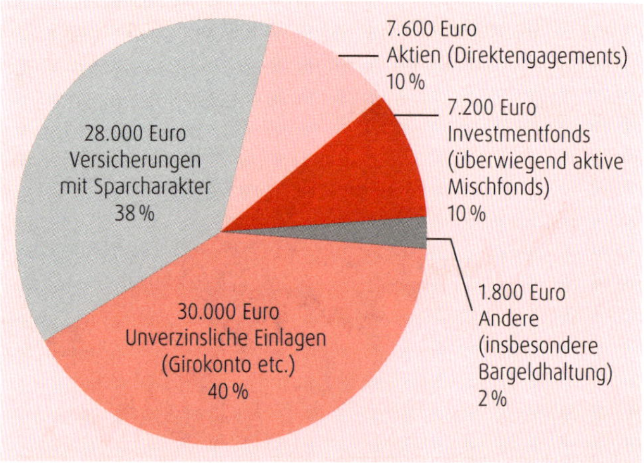

Höhe des durchschnittlichen Geldvermögens der Deutschen, Prozentwerte ganzzahlig gerundet; Quelle: Deutsche Bundesbank (Monatsbericht: 07/2019, Seite 117 ff.)

Dauerhafte Nullzinswelt wahrscheinlich

In der Anfangsphase der Nullzinspolitik und Überschwemmung der Märkte mit billigem Geld ging man von einer nur vorübergehenden Entwicklung aus. Nachdem über mehrere Jahre hinweg die Rückkehr zur geldpolitischen Normalität jedoch immer wieder hinausgeschoben wurde, stellen sich die Finanzwirtschaft und auch die Verbraucher mittlerweile auf die Möglichkeit einer langfristigen bzw. dauerhaften Nullzinswelt – zumindest in der Eurozone – ein. Während Stand 2019 die USA die Chance sehen, der Nullzinsfalle zu entkommen, zeigt die japanische Volkswirtschaft, dass Niedrigzinsen über viele Jahre – vielleicht gar Jahrzehnte – zur Realität werden können.

Noch tiefere Zinsen drohen

Es ist sogar damit zu rechnen, dass die nächsten Jahre noch tiefere Minuszinsen, also z. B. minus eins oder minus zwei Prozent p. a. bringen. Dies wurde noch vor wenigen Jahren als undenkbar betrachtet. Zumal die Bürger ja immer dachten, einem Negativzins durch Abheben ihrer Ersparnisse und Hortung des Bargeldes entgehen zu können. Europäische Zentralbank (EZB) und Internationaler Währungsfonds (IWF) veröffentlichten jedoch im Jahr 2019 bereits erste Gedankenspiele, wie sie die massenhafte Flucht ins Bargeld verhindern können. Die Idee ist so simpel wie wirksam: Man erwägt – ganz ohne Bargeldverbot – die Anordnung gespaltener Preise für Barzahlungen einerseits und digitale Zahlungen andererseits. Und eine solche

Preisspaltung wäre erheblich leichter durchsetzbar als ein Bargeldverbot.

»Ansteckung« anderer Anlagen

Zinsen in geringen homöopathischen Dosen haben jedoch Auswirkungen auf alle anderen Anlagen – also keineswegs nur auf Geldvermögenswerte. Die Faustregel lautet: Je weniger mobil eine Anlage ist, desto stärker wird ihr Wert durch den Zinssatz beeinflusst. Zwei Extrembeispiele sollen dies zeigen.

ZWEI EXTREMBEISPIELE

Extrembeispiel Nr. 1: **Gold** ist relativ mobil, d. h., die Kosten für den Transport von Gold von einem Land ins nächste sind im Verhältnis zum Wert überschaubar. Folglich ist der Goldpreis in der Eurozone wenig vom Zinsniveau des Euro abhängig. Würde der Goldpreis hierzulande ansteigen, würden Lieferungen aus dem Ausland (z. B. aus Ländern mit höherem Zinsniveau) dies wieder ausgleichen.

Extrembeispiel Nr. 2 – **Wohnimmobilien**: Schon der Begriff Immobilie impliziert, dass man den Standort nach der Errichtung eines Gebäudes nicht mehr verändern kann. Sinken nun die Zinsen, so steigt der wirtschaftliche Wert der Immobilie erheblich an (siehe die Tabelle unten). Und ein kostenarmes Ausweichen ist nicht möglich. Weder können und wollen Menschen weit wegziehen, um billigere Immobilien zu kaufen oder zu mieten, noch können billigere Immobilien »umgezogen werden« (außer Sie sind ein Tiny-House-Liebhaber oder wohnwagenaffiner Niederländer).

Die nachstehende Tabelle zeigt die faire Bewertung (im Sinne einer betriebswirtschaftlich korrekten Bewertung) einer Wohnimmobilie unter der Annahme, dass diese langfristig, nach allen Kosten eine Netto-Kaltmiete von 10.000 Euro pro Jahr erbringt.

Dabei wurden mögliche Mietsteigerungen noch nicht einmal einbezogen.

Zinsniveau	Nutzungsdauer 50 Jahre	Nutzungsdauer 100 Jahre	Nutzungsdauer unbegrenzt
8 %	123.335	124.943	125.000
6 %	157.819	166.175	166.667
4 %	214.822	245.050	250.000
2 %	314.236	430.984	500.000
1 %	391.961	630.289	1.000.000

Daraus ergeben sich zwei wesentliche Erkenntnisse:

1. Der anhand von Ertragswerten/Barwerten errechnete »faire Wert« der Immobilie steigt durch sinkende Zinsen enorm.
2. Je länger die verbleibende Nutzungsdauer der Immobilie ist, desto stärker der Effekt. Eine entweder noch junge Immobilie (Neubau) oder eine Immobilie mit langer Nutzungsdauer (solide Bauweise) profitiert im Beispiel durch eine Wertsteigerung um Faktor sieben bis acht, während die Immobilie mit fünfzigjähriger Nutzungsdauer etwa um den Faktor drei im fairen Wert steigt.

Am Beispiel wird deutlich, was mit **»Vermögenspreisinflation« (auch: Asset-Inflation)** gemeint ist. Während die Niedrigzinspolitik auf die Preise von Gütern des täglichen Verbrauchs zumindest kurzfristig kaum Auswirkungen hat, werden alle Vermögenswerte in ihrer fairen Bewertung erhöht. Das erklärt sich folgendermaßen: Die Kosten für die Finanzierung aller Vermögensgegenstände sinken, wodurch diese im Verhältnis zur »zinslosen« Geldanlage relativ vorteilhafter und somit wertvoller werden. Bildhaft kann man sich die verschiedenen Vermögensgegenstände als Bojen vorstellen, die von der Flutwelle des billigen Geldes angehoben werden.

Wohlstandsillusion und Vermögensumverteilung

Besitzer von allen Anlagen, die keine marktabhängige (und somit sinkende) Verzinsung aufweisen, wurden durch das starke Sinken der Marktzinsen wohlhabender – zumindest auf dem Papier, wie auch das bereits erwähnte Beispiel der Wohnimmobilie zeigt. Die durch die Welle billigen Geldes ausgelöste **Vermögenspreisinflation** hob nämlich auch die Preise anderer Anlageklassen wie Aktien, Kunstgegenstände oder Oldtimer an. Sogar festverzinsliche Anleihen stiegen im Wert, da sie ja noch eine historisch bedingt höhere Zinszahlung bzw. Kuponzahlung versprechen. Sehr risikoscheue Anleger, die viel Geld z.B. in langlaufenden Bundesanleihen gebunden hatten, ärgerten sich weniger über die schlechteren Zinsen bei der Neuanlage ihres Geldes, als sie sich über die völlig unerwarteten Kursgewinne bei den Altbeständen ihrer Anleihen freuten.

Eine Nebenwirkung der Nullzinswelt ist somit eine enorme **Vermögensumverteilung.** Wer bereits vor dem starken Sinken der Zinsen in Sachwerten oder langlaufenden Anleihen investierte, ist auf der Gewinnerseite. Wer jedoch sein Geld variabel verzinslich auf Giro- oder Einlagekonten parkte oder eines der von der Höhe der Marktzinsen abhängigen Anlage- oder Vorsorgeprodukte wie z.B. eine Kapitallebensversicherung besitzt, ist auf der Verliererseite.

Es gibt nur wenige Anlagemöglichkeiten – und nur sehr wenige empfehlenswerte

Auch wenn es eine verwirrend wirkende Vielfalt von Anlageprodukten gibt: Letztlich wandert Ihr Geld stets in eine von nur recht wenigen Anlageklassen. Es ist für Sie daher sehr nützlich, zwischen **Anlageklassen (Inhalt)** und **Anlagevehikeln (Verpackung)** zu unterscheiden. Anlagevehikel sind – meist von der Finanzdienstleistungsindustrie geschaffene – »Umverpackungen« bzw. »Hüllen«, mit denen eine oder mehrere Anlageklassen für Sie als Privatanleger leichter zugänglich gemacht werden sollen.

Anlageklassen: Darin ist Ihr Geld gebunden

Anlageklassen sind die Objekte, in denen Ihr Geld letztlich gebunden ist und aus denen ein Wertzuwachs zu erhoffen ist. Der Wertzuwachs kann entweder in laufenden Erträgen (Früchten der Anlageklasse) oder dadurch entstehen, dass der Preis der Anlageklasse im Zeitverlauf steigt.

Anlageklassen mit fortlaufenden Erträgen

Drei Anlageklassen bieten normalerweise laufende Erträge:

- Aktien (nämlich Dividenden)
- Anleihen (nämlich Zinseinkünfte) – außer in einer Nullzinswelt
- Immobilien (nämlich Mieterträge)

Man könnte noch Grund und Boden ergänzen, denn da könnten Sie Kartoffeln ernten. Und wenn Ihnen das zu viel Mühe macht, könnten Sie den Boden verpachten. An jemanden, der Kartoffeln anbaut oder aus dem Acker einen Parkplatz macht und von den armen Autofahrern Parkgebühren eintreibt.

Anlageklassen ohne fortlaufende Erträge

Weitere Anlageklassen, die jedoch keine fortlaufenden Erträge erbringen, sind:

- **Cash** – damit sind Bargeld (Scheine und Münzen) wie auch Buchgeld (kurzfristige Einlagen z. B. auf Girokonten) gemeint. Fremdwährungen werden teilweise als eigene Anlageklasse betrachtet, können jedoch hier hinzugerechnet werden.
- **Edelmetalle, wie Gold und Silber** (gerne können Sie hier auch Diamanten dazuzählen).
- **Industriemetalle** sowie **Rohstoffe** wie Erdöl, Mineralien, Holz und vielfältige Grundnahrungsmittel. Selbst Trinkwasser wird dieser Anlageklasse heute zugerechnet.

- **Exotische Sachanlagen:** Dies ist ein Sammelbegriff für unterschiedlichste Dinge, die Menschen als wertvoll und wertbeständig betrachten und nach deren Besitz sie streben. Das können Kunstgegenstände, Schmuck und wertvolle Uhren sein. Ebenso edle Alkoholika (insbesondere Rotwein und Whiskey). Genauso zählen dazu auch Oldtimer, Schallplatten, wertvolle Damenhandtaschen oder eine Plantage mit Trüffeleichen (bitte das L korrekt lesen: Trüffel-Eichen ...).
- **Innovative exotische Anlagen:** Durch gesellschaftliche sowie technische Innovationen entstehen gelegentlich neue exotische Anlageklassen wie z. B. Kryptowährungen (Bitcoin und Co.) sowie Infrastrukturanlagen (Brücken, Autobahnen, Flughäfen, Meerwasser-Entsalzungsanlagen).

Trotz der exotischen Anlagen, die im Einzelfall interessant sein können, jedoch insgesamt ein Nischendasein führen, ist und bleibt die Welt der Anlageklassen übersichtlich und begrenzt. Der ganz überwiegende Teil des weltweiten Kapitals steckt in Immobilien und Grundstücken, Aktien, Anleihen sowie Cash. Die übrigen Anlageklassen folgen mit großem Abstand.

Anlagevehikel: die verkaufsfähige Umverpackung

Anlagevehikel sollen den Kunden den Zugang zu Anlageklassen erleichtern. Insbesondere dienen sie der Verkleinerung der erforderlichen Mindestanlagebeträge. Wer kann sich schon ein ganzes Bürohochhaus oder einen eigenen Wald etc. leisten?

Gleichzeitig ermöglichen Anlagevehikel unzählige Kombinationsmöglichkeiten zwischen unterschiedlichen Anlageklassen und – je nach konkreter Ausgestaltung – eine Veränderung von Chancen und Risiken für den Anleger.

Kritisch ist anzumerken, dass viele Vehikel erhebliche – nicht immer einfach erkennbare – Kosten für den Anleger in sich bergen. So zweigen sie in Kombination mit der vertraglichen Konstruktion einen erheblichen Teil der in den ursprünglichen Anlageklassen entstehenden Marktrenditen ab. Außerdem können durch das Vehikel selbst zusätzliche Risiken für Sie als Kunde entstehen. Beispielsweise dadurch, dass die Bank, die das Vehikel herausgegeben hat, insolvent wird.

Der Markt der Anlagevehikel ist bunt und vielfältig. Nach Expertenmeinung sind allein in Deutschland circa 1,5 bis 1,8 Mio. unterschiedliche Vehikel zum Vertrieb zugelassen – ich habe nicht nachgezählt. **Wichtige Gattungen sind z. B.**

- klassische Lebens- und Rentenversicherungen mit Sparcharakter (auch in Variationen wie Indexpolicen),
- fondsgebundene Lebensversicherungen,
- Bausparverträge,
- Anlagezertifikate,
- aktive Investmentfonds (auf Aktien, Immobilien, Anleihen, Geldmarkt oder beliebige Mischungen),
- passive Indexfonds und Exchange Traded Funds (ETF),
- alternative Investmentfonds (AIF, früher bezeichnet als Geschlossene Fonds).

Direktanlage oder Umweg über Anlagevehikel?

Manche Anlageklassen (Cash, Aktien, Anleihen und zum Teil Immobilien) lassen sich **direkt erwerben**. Hier können Sie den Umweg über Anlagevehikel vermeiden. In vielen Fällen ist jedoch das Direktinvestment für die meisten Anleger entweder vom Volumen her zu groß oder aus anderen Gründen (z.B. wegen gewünschter Risikostreuung) nicht vorteilhaft. In diesen Fällen müssen die Kosten und Risiken dem Nuzen eines **Anlagevehikels** gegenübergestellt werden. Häufig wird der Nutzen als überwiegend empfunden. Falls jedoch vom Vehikel selbst weitere Risiken ausgehen oder es hohe Kosten verursacht, sollte von der Anlageidee Abstand genommen werden.

IN WALD INVESTIEREN

Ein Anleger würde gerne in die Anlageklasse »Wald« investieren. Sein Budget von 20.000 Euro erlaubt jedoch keine Direktanlage (also keinen Kauf eines sinnvoll nutzbaren Waldgrundstücks). Der Umweg über den Erwerb von Anteilen an einem geschlossenen Waldfonds (Alternativer Investmentfonds) bringt jedoch zusätzliche juristische Probleme, Intransparenz, Risiken des Vehikels und erhebliche Kosten mit sich. **Ergebnis:** Der Kunde sollte von seiner Anlageidee abrücken und sein Geld anderweitig anlegen.

Meine Tipps für Sie

- Ich rate Ihnen vor jeder Geldanlage zu prüfen, ob Sie direkt in die Anlageklasse oder über den Umweg eines Vehikels investieren.
- Bevor ich ein Vehikel nutze, prüfe ich Kosten und Risiken des Vehikels.
- Auch klingende Vehikelnamen befreien mich nicht von der Notwendigkeit zu prüfen, wo das Geld letztlich angelegt wird.

Meine Tipps für Sie

- Bedenken Sie stets: Vehikel sind lediglich Verpackungen. Sie erzeugen niemals eine eigene Rendite. Die Rendite kommt immer nur aus der oder den »eingepackten« Anlageklassen.

Inflation und Besteuerung

Von wenigen Ausnahmen abgesehen, unterliegen Kapitaleinkünfte, also z. B. Zinsen und Dividenden, hierzulande der Kapitalabschlagsteuer (KESt). Diese beträgt – unabhängig von Ihrem sonstigen Steuersatz – 25 %. Hierzu kommen noch Solidaritätszuschlag sowie Kirchensteuer, sodass Sie überschlägig mit einem Steuerabzug von 28 % rechnen sollten. Die spannende Frage ist nun: Auf welche Basis bezieht sich dieser Steuersatz?

Zunächst einmal die schlechte Nachricht: Die Besteuerung erfolgt auf Basis Ihrer **nominellen Erträge**, also der **Erträge vor Inflation**. Dazu ein Beispiel: Wenn Ihnen eine Anlage eine Ausschüttung von 3,5 % erbringt, dann werden Ihnen 28 % KESt auf diese 3,5 % einbehalten. Dies mindert Ihre Rendite um 0,98 Prozentpunkte (28 % von 3,5 %), sodass Ihnen nach Steuern nur noch 2,52 % Rendite verbleiben. Beträgt die Inflationsrate im gleichen Jahr jedoch 2,8 %, so machen Sie **real** – d. h. **in Kaufkraft** gedacht – sogar einen Verlust von 0,28 %. Sie sparen sich also durch das Prinzip der Nominalbesteuerung im Ergebnis ärmer. In Kaufkraft gedacht – also real statt nominal – haben Sie nämlich vor Steuern nur (gerundet) 3,5 % minus 2,8 %, also rund 0,7 % erlöst. Dies ist Ihr realer Gewinn vor Steuern. Trotzdem wird Ihnen die Steuerlast von 3,5 % und nicht von 0,7 % Rendite belastet.

Kurzum: Die Kombination von Nominalbesteuerung und Inflation ist ein sehr unvorteilhaftes Gemisch. Jedoch gibt es legale und zweckmäßige Möglichkeiten, hiermit umzugehen. Sie lesen in Kapitel »Gute Produkte«, welche Anlagemöglichkeiten das Beste aus dieser Situation machen.

Offene und versteckte Kosten

Die Kosten Ihrer Anlage- oder Vorsorgeinstrumente sind von zentraler Bedeutung für das Erreichen Ihrer finanziellen Ziele.

Bevor wir in die Details gehen, lade ich Sie dazu ein, die hier sinngemäß wiedergegebene These des Nobelpreisträgers William F. Sharpe auf sich wirken zu lassen. Sie lautet: Das Einzige, was Ihnen einigermaßen zuverlässig vorhersagt, was eine Anlage erbringt, sind ihre Kosten! Sharpe hat recht. Kosten sind wichtig. Und Private haben bislang viel zu wenig auf die Kosten ihrer Investments geschaut. Aber in Zeiten der Niedrigzinsen ist Kostenbewusstsein wichtiger denn je, was auch die beispielhafte folgende Demonstration zeigt:

Zeitraum	Kapitalmarkt rendite p. a.	Kosten p. a.	Rendite nach Kosten p. a.	Rendite-verlust durch Kosten
Günstige/ freundliche Marktsituation	9 %	3 %	6 %	33 %
Mittlere Marktsituation	6 %	3 %	3 %	50 %
Schwierige Marktsituation	3 %	3 %	0 %	100 %

Anmerkungen zur Tabelle:

- Alle Zahlen brutto, also vor Inflation und Steuern.
- Die Kapitalmarktrendite besagt, was der Anleger aus einem Portfolio unterschiedlicher Anlageklassen, also z.B. Aktien und Anleihen, als Durchschnittsrendite erzielt.

Kostenarten und Kostenursachen

Es wäre zu schön, wenn Sie eine vollständige Kostentransparenz hätten, d.h. wenn Ihnen alle Kosten von Anlage- oder Vorsorgeinstrumenten vorlägen. Und zwar, bevor Sie sich für diese entscheiden. Die Realität sieht jedoch anders aus. Als kleinen Schritt in die richtige Richtung gibt es immerhin seit 2018 die Ex-ante- und Ex-post-Kosteninformationen. Dazu mehr in Kapitel »Kosteninformationen lesen und verstehen«. Und es hilft Ihnen sicher, wenn Sie erkennen, wodurch Kosten anfallen, worauf sich diese beziehen und wie Sie Kosten vermeiden können.

Kosten durch die Anlageklasse oder das Anlagevehikel?

Vermieten Sie Ihre Immobilie und lassen Sie sich Arbeit durch einen Verwalter abnehmen, so entstehen hierfür Kosten **direkt** auf Ebene der Anlageklasse »Immobilie«. Investieren Sie in einen **Immobilienfonds**, so nutzen Sie ein Anlagevehikel für die Anlageklasse »Immobilie«. Das gesammelte Fondsvermögen aller Anleger wird in Immobilien investiert. Auch hier werden wahrscheinlich Verwalter eingesetzt, wodurch Kosten auf Ebene der Anlageklasse anfallen. Zusätzlich entstehen jedoch Kosten auf Fondsebene (Fondsverwaltung, Werbung usw.). Für Ihren Anlageerfolg ist es also entscheidend, welche Kosten insgesamt anfallen. Faustregel: Je mehr Dritte an Ihrer Anlage mitverdienen, desto weniger Fleisch bleibt für Sie am Knochen übrig.

Einmalige oder wiederkehrende Kosten?

Einmalige Kosten wie Aufschläge, Abschläge, Gebühren, Grunderwerbsteuer oder ein Agio entstehen meist durch Kauf oder Verkauf der Geldanlage. Sie relativieren sich bei langen Anlagedauern. Einmalige Kosten werden übrigens auch aktivitätsabhängige Kosten genannt, da sie durch konkrete Handlungen des Anlegers (Kauf, Verkauf, Umschichtung) ausgelöst werden. Das Bonmot »Hin und her – Taschen leer« weist darauf hin, dass häufige Umschichtungen eine zentrale Ursache hoher Anlegerkosten sind. **Wiederkehrende Kosten** wie Verwaltungsgebühren, Managementkosten etc. nagen ständig an der Rendite Ihrer Anlage und werden meist jährlich oder halbjährlich belastet. Anleger neigen dazu, die Gesamtwirkung dieser – immer wieder anfallenden – Kosten zu unterschätzen.

Sind die Kosten volumenabhängig?

Manche Kostenarten (z.B. Provisionen, Aufgelder, Gebühren) werden als Prozentwert aus dem Anlagevolumen berechnet. Andere Kosten – häufig als **Stückkosten** bezeichnet – fallen **völlig unabhängig vom Anlagevolumen** an. Es liegt in Ihrem zentralen Interesse, sich die sehr unterschiedliche Wirkung dieser beiden Arten der Kostenbelastung zu verdeutlichen. Beispielsweise können volumenabhängige Kosten bei der Verwaltung großer Anlagebeträge zu unangemessenem Vermögensverlust führen. Umgekehrt sprechen volumenunabhängige Stückkosten oftmals gegen die Anlage von Kleinbeträgen. Die nachfolgende Tabelle verdeutlicht dies exemplarisch:

Anlegertyp	K = Klein	G = Groß
Anlagevolumen	500 Euro	50.000 Euro
Volumensunabhängige Stückkosten in Euro	20 Euro	20 Euro
Volumensabhängige Kosten in Prozent	1 %	1 %
Gesamtkosten **Anbieter A:** nur Stückkosten	20 Euro	20 Euro
Gesamtkosten **Anbieter B:** nur volumensabhängige Kosten	5 Euro	500 Euro
Gesamtkosten **Anbieter C:** 50 % Stückkosten, 50 % volumensabhängige Kosten	12,50 Euro	260 Euro

Haben Sie entgangene Erträge bedacht?

Schließlich sollten Sie Kosten im Sinne entgangener Erträge – in der Fachsprache **»Opportunitätskosten«** genannt – nicht übersehen. Damit sind die Erträge einer alternativen Anlagemöglichkeit gemeint. Binden Sie beispielsweise Geld in einer Lebensversicherung, so können Sie dieses Geld nicht mehr in Aktien oder Immobilien investieren. Ihnen entgehen somit die Renditen von Aktien bzw. die Mieterträge aus Immobilien. Erst durch Berücksichtigung von Opportunitätskosten werden Ihre

Anlage- und Vorsorgeentscheidungen vollständig bewertbar. Näheres hierzu erfahren Sie in Kapitel »Opportunitätskosten«.

Interessenkonflikte im Vertrieb von Finanzdienstleistungen

Stellen Sie sich einmal vor, dass Ihr Steuerberater gratis seine Dienste für Sie anbieten würde, da er nicht von Ihnen, sondern vom Finanzamt bezahlt würde. Und zwar umso höher, je mehr Steuern Sie zahlen müssen. Ein geradezu abstruser Gedanke. Jedoch bei Finanz- und Vorsorgedienstleistungen in Deutschland ist dies ganz überwiegende Realität. Abgesehen von der kleinen Nische von ernsthaften Honorarberatern herrscht hierzulande nämlich der sogenannte Provisionsvertrieb.

Heikle Anreizgestaltung im Finanzleistungsvertrieb

Die Finanz-»Beratung« erfolgt *scheinbar* kostenlos und der »Berater« wird vom Anbieter der Anlagevehikel, also z. B. einer Bank, Bausparkasse oder Versicherungsgesellschaft bezahlt. Und zwar je nach Einzelfall über ein Festgehalt, Prämien, **Provisionen** und andere Vergütungsformen. Die daraus resultierenden Kosten zahlen letztlich natürlich Sie als Kunde. Diese werden lediglich im Finanzprodukt versteckt.

> Sie sehen: Kostenlos ist Finanzberatung niemals.

Bedingt durch die Art der Vergütung entstehen zwangsläufig **erhebliche Interessenkonflikte**. Nämlich Konflikte zwischen Ihren Interessen als Anleger oder Vorsorger einerseits und andererseits den Interessen des scheinbaren Beraters, der in Wahrheit ein Verkäufer ist. Der Honorar-Finanzanlagenberater *Michael Ritzau* bringt provisionsgetriebene Beratung so auf den Punkt: »Jeder, der kostenlos berät, ist ein Verkäufer«. Daher werden Finanzberater, Privatkundenberater, Vermögensberater, Vermittler, Vertreter etc. von Geldanlagen und Versicherungen im Folgenden respektvoll mit der sachgerechteren Bezeichnung **»Finanzprodukteverkäufer«** (FPV) betitelt.

Arten von Interessenkonflikten

Die im hierzulande dominierenden Provisionsvertrieb wichtigsten Interessenkonflikte lassen sich wie folgt unterscheiden.

- **Eigeninteresse zur Erzielung eines Abschlusses:** Der FPV wird immer eine »Lösung« für Ihr Anlage- oder Vorsorgeproblem haben. Und wenn Sie kein Problem sehen, wird er Ihnen erklären, dass Sie trotzdem eines haben. Und er wird Ihnen stets zu einer »Lösung« mithilfe eines Vehikels raten, welches er in seinem Sortiment hat. Niemals wird er Sie mit dem Rat heimschicken, dass Sie nichts tun sollten – auch dann nicht, wenn das für Sie das Sinnvollste wäre. Denn der FPV verdient nur, wenn er Ihnen ein Finanzprodukt, eine Versicherung oder Ähnliches verkauft.

»Sind Sie gewillt, jemandem ein Paar Schuhe zu verkaufen, das ihm gar nicht passt? Oder sind Sie bereit, sich einen Umsatz entgehen zu lassen, weil Sie eben gerade nicht die richtige Größe auf Lager haben?« (David Booth)

- **Zu große Volumina:** Da die Vergütung des FPV – die sich natürlich aus Ihren Kosten speist – mit dem Volumen des Vertragsabschlusses verknüpft ist, werden Sie systematisch »überversorgt«. Beispiel: Je größer die Bausparsumme oder je höher die Versicherungssumme ist, desto höher ist die Vergütung des FPV. Jedoch: Was fängt z. B. ein Geringverdiener, der monatlich 25 Euro sparen kann, mit einer Bausparsumme von 100.000 Euro an? Hofft er auf eine Zuteilung für seine Enkelkinder?
- **Zu lange Laufzeiten:** Ebenso raten FPV tendenziell zu möglichst langen Vertragslaufzeiten. Argumente dafür finden sich stets – gute Argumente sind es selten. Hintergrund dieses Eigeninteresses: Der FPV erhält neben einer Abschlussvergütung in jedem Jahr eine zusätzliche Vergütung und ist somit an möglichst langen Laufzeiten interessiert. Außerdem steigt das Vertragsvolumen häufig mit der Laufzeit.
- **Provisionsintensive Produkttypen:** Die Provisionshöhe verschiedenartiger Finanz- und Vorsorgedienstleistungen fällt unterschiedlich aus. Beispielsweise verdient Ihr FPV an der Vermittlung eines geschlossenen Fonds (AIF) erheblich mehr als an einem Bausparvertrag gleicher Höhe. Sie müssen nun kein Prophet sein, um vorherzusagen, in welche Richtung Sie – im Rahmen der Möglichkeiten – beraten werden.

- **Anbieter vergüten unterschiedlich hoch:** Exakt das gleiche wird passieren, wenn Ihr FPV Ihnen bei einer bestimmten Finanzdienstleistung Produkte verschiedener Banken oder Versicherer offerieren kann, die jedoch für ihn mit unterschiedlich hoher Vergütung verbunden sind. Dummerweise bringt Ihnen der Anbieter mit den höchsten Provisionssätzen wahrscheinlich die schlechteste Rendite, da die höheren Provisionen zwangsläufig die Produktkosten erhöhen. Und somit bleibt für Sie weniger Fleisch am Knochen.
- **Eigennütziger Rat zum Durchhalten:** Sofern Sie nach Abschluss eines provisionsfinanzierten Vertrages ins Grübeln kommen, ob dieser – warum auch immer – wirklich so vorteilhaft war, wird Ihnen Ihr FPV stets zum Durchhalten raten. Dies gilt ganz besonders in der Zeit der sogenannten Stornohaftung, die in der Regel bis zu fünf Jahre nach Vertragsschluss besteht, da der FPV bei Ihrer Kündigung Teile der bereits erhaltenen Provisionen zurückgeben muss.
- **Eigennütziger Rat zum Wechseln**: Bei anderen Leistungen, z. B. aktiven Fonds mit Ausgabeaufschlag, wird Ihnen der FPV tendenziell zu häufigen Umschichtungen raten (»Ich habe da was Neues, Besseres für Sie!«). Denn mit jedem Wechselvorgang fallen diese Einmalkosten erneut an. Und das macht die Kundenbeziehung profitabler. Leider nur aus Sicht des FPV. Für Sie gilt hingegen der Grundsatz: »Hin und her, Taschen leer.«

Ich habe leider einen riesigen Fundus an Beispielen für jede der obigen Kategorien von **anreizgesteuerten Beratungsfehlern.** Ihnen werden im provisionsfinanzierten Vertrieb eben immer die Schuhe verkauft, die »raus« müssen – ganz egal, ob sie Ihnen passen oder nicht. Dieses Problem wird sich auch durch überbordende Regulierung, »Beratungsprotokolle« und »Geeignetheitsprüfungen« niemals lösen lassen. Sondern nur durch eine Gestaltung von Anreizen im Vertrieb, die nicht oder zumindest nicht so stark mit den Anreizen des Kunden kollidiert. Auch Transparenz von Produkten und ihren Kostenstrukturen sind ein Schritt in die richtige Richtung.

So entlarven Sie Eigeninteressen Ihres Beraters

Frage nicht, was andere dir empfehlen – schau, was sie selbst tun! Mein Versprechen an Sie lautet: **»I eat my own cooking!«** Oder auf gut Deutsch: Das, was ich Ihnen empfehle, das mache ich für meine Familie und mich ganz genauso. Prüfen Sie diesen kritischen Punkt beim nächsten Termin mit Ihrem FPV. Schauen Sie ihm direkt in die Augen und fragen Sie ihn: »Sie haben mir eben einen Bausparvertrag/ein Zertifikat/einen kostenintensiven aktiven Fonds/einen Riester-Vertrag/eine dynamische Multihybrid-Rentenversicherung mit Garantiefondsmodell bei externer Anlage als Variable-Annuity-Modell ... zum Abschluss empfohlen. Haben Sie und Ihre Familie das gleiche Produkt mit gleichen Kosten auch schon abgeschlossen? Kurzum: **Essen Sie selbst auch das, was Sie da für mich kochen?«**

Nachdem Sie die Frage gestellt haben, halten Sie den Blickkontakt zu Ihrem Gegenüber. Achten Sie mehr auf die Körpersprache als auf das Gestammele. Dann wissen Sie Bescheid!

Informationsüberflutung und Finanzpornografie

Es ist schwierig für Sie, sich neutral und sachgerecht zu Anlage- und Vorsorgethemen zu informieren. Vordergründig gibt es eine Vielfalt an Informationsmöglichkeiten, die gerade in der digitalen Welt sogar scheinbar kostenlos sind. Jedoch stehen hinter den meisten Informationsangeboten handfeste Eigeninteressen der Finanzdienstleister oder ihnen nahestehenden Institutionen. Der Übergang von sachlicher Information zu interessengeleiteter Beeinflussung und Produktwerbung ist fließend. Für den Laien ist der Unterschied meist nicht zu erkennen.

»Informationsbeschaffung im Internet ist wie Trinken aus einem Feuerwehrschlauch. Man kann sehr nass dabei werden und am Ende doch durstig bleiben.«

Advertorials immer häufiger

Während früher eine klare Trennung zwischen redaktionellen Beiträgen einerseits und klar als Anzeige gekennzeichneten Werbebotschaften andererseits zum guten Stil gehörte, verschwimmen die Übergänge heute mehr und mehr. Viele Wirtschaftszeitungen und Fachzeitschriften verkaufen munter »Pakete«: Quasi als Bonbon für das Schalten von Anzeigen erhält der Anbieter die Möglichkeit zu einem Interview oder Beitrag im redaktionellen Teil. Dies erfolgt meist in unterschiedlichen Ausgaben des Mediums – manchmal aber sogar einfach in der gleichen Ausgabe. Ein Anlegermagazin betreibt dieses Geschäft sogar ganz offen: Redaktioneller Beitrag und die »zugehörige« Anzeige finden sich regelmäßig auf einer Doppelseite.

Neutrale Informationen? Fehlanzeige!

Die Rücksicht auf das Anzeigengeschäft führt auch dazu, dass neutrale oder kritische Berichte von unabhängigen Experten zu Anlage- oder Vorsorgethemen in vielen Wirtschafts- und Fachzeitschriften kaum noch veröffentlicht werden. Zu groß ist die Abhängigkeit von den Anzeigeneinnahmen geworden. Fachleute erleben die »Hofberichterstattung« im Interesse der werbenden Finanzdienstleister oftmals als rührend bis bizarr. Für den Laien ist sie jedoch einfach nur eine Irreführung und ein Anreiz zu Fehlentscheidungen. Mehr dazu lesen Sie in meinem Blog: www.schließlich-ist-es-Ihr-Geld.de/Finanzblog, Suchwort: Finanzpornografie.

Auch ich habe einige persönliche Erfahrungen hierzu gesammelt. Zum Beispiel habe ich bei diversen bekannten Tages- und Wirtschaftszeitungen auf krasse Fehler (auch falsche Berechnungen) in Beiträgen bzw. Advertorials aufmerksam gemacht. Weder haben die Interventionen bei den Redaktionen zu Richtigstellungen geführt, noch wurden die Leserbriefe veröffentlicht. Wenn ein guter Anzeigenkunde vorrechnet, dass zwei plus zwei fünf ist, dann kann man da wenig machen ...

Kurzum: Für Sie ist heutzutage die Beschaffung neutraler Informationen nicht einfacher, sondern schwieriger und zeitaufwendiger als früher. Sie sollten daher verschiedene Quellen lesen und vergleichen, die Unabhängigkeit der Autoren feststellen und mögliches Eigeninteresse der Autoren vorab erkennen.

Keine einfache Aufgabe. Denn oft verbirgt sich das eigentliche Geschäftsmodell im Hintergrund. So zum Beispiel im Internet der Handel mit Ihren Daten oder Provisionen und andere Vergütungen über **Affiliate Links bzw. Cost-per-Click-Modelle.**

> Einfache Regel: Dinge, die scheinbar kostenlos sind, erweisen sich im Nachhinein oft als besonders teuer. Auch in der Finanzwelt gibt es nichts umsonst.

Dominanz der Finanzpornografie

Als Finanzpornografie werden die in den Medien allgegenwärtigen Versuche bezeichnet, Sie zum möglichst häufigen Handeln von Finanzprodukten (z. B. Aktien, Zertifikaten oder Derivaten) anzuregen, also häufige Kauf- oder Verkaufstransaktionen bzw. Umschichtungen vorzunehmen. Hierbei werden gezielt zwei starke und tief in uns verwurzelte gegenläufige Triebe angesprochen, nämlich Angst (vor Verlusten bzw. Armut) und Gier (nach Gewinnen bzw. Reichtum). Vielfältige, mit etwas Abstand sehr belustigende Beispiele finden Sie, indem Sie einfach einige Umschlagseiten von Anlegerzeitschriften anschauen. Sie lesen dort Tipps und Infos wie diese: Reich mit diesen zehn Aktien – Der Crash kommt! – 10.000 % Gewinn mit Bitcoins – Aktien für die Ewigkeit.

Besonders verunsichernd wirkt die rasche Abfolge völlig widersprüchlicher Aussagen, die den Laien zu einem häufigen »Rein und Raus« animieren soll. Wenn eine bekannte Anlegerzeitschrift die von ihr identifizierten »Aktien für die Ewigkeit« kurzzyklisch überprüft und im Zuge dessen sogar regelmäßig austauscht, dann zeigt Ihnen das nur, wie schnell die Zeit doch vergeht. Huch, und schon wieder ist eine Ewigkeit vorbei ... Das ist genauso überzeugend wie der Bootsname »Unsinkbar Nr. 2«.

In der Finanzpornografie-Branche arbeiten die Finanzdienstleister und die Medien Hand in Hand zusammen, denn sie verfolgen ähnliche Interessen. Während die Finanzdienstleister dank Ihres häufigen »Rein und Raus« Provisionen und Handelsgebühren vereinnahmen, freuen sich die Medien über auflagensteigernde, möglichst spektakuläre Beiträge und parallel zusätzliche Anzeigenschaltungen. In Ihrem Interesse eines seriösen Vermögensaufbaus liegt das jedoch nicht.

Neben den oben genannten reißerischen Kauf- und Verkaufsempfehlungen gehören für mich zur Finanzpornografie auch Storys über angebliche Zukunftstrends und angeblich völlig unterbewertete Geheimtipps, prophetenhafte Kursprognosen sowie das Verstärken von Trends und Hypes.

Finanzpornografie ist für Sie nicht nur wertlos, sondern sogar schädlich. Sie verunsichert. Die regelmäßige Lektüre ihrer Ergüsse verleitet zu kurzfristigem Denken und häufigen Umschichtungen mit völlig unnötigen Kosten. Außerdem fördern diese Informationen die Selbstüberschätzung der Leser. Sie glauben, sie seien damit gut informiert und könnten den Markt schlagen. Was nachweislich nicht funktioniert!

Meine Tipps für Sie

- Auch bei Finanzinformationen gilt: »Weniger ist mehr«.
- Achten Sie auf die Qualität der Informationsquellen, z. B. durch einen Blick ins Impressum oder ob es Bezahl-Klicks oder Affiliate Links gibt. Auch die Recherche zu den Verfassern kann sehr aufschlussreich sein, z. B. wenn diese bei Finanzdienstleistern in Lohn und Brot stehen.
- Bedenken Sie, dass Sie Geheimtipps oder Insider-Informationen ganz sicher nicht im Internet oder der Zeitung lesen.
- Für alle, die keine Daytrader werden wollen, gilt es, eine »ruhige Hand« zu bewahren und die Nerven zu schonen. Hier hilft Ihnen die folgende Metapher, die auf Alan Abelson zurückgeht: Sie wandern langsam aber stetig auf einen hohen Berg und spielen dabei mit einem Jo-Jo. Natürlich steigt und fällt das rotierende Jo-Jo in schnellem Zyklus. Aber über die Zeit hinweg wird das Auf und Ab des Jo-Jos in immer größerer Höhe stattfinden. Es wäre töricht, auf dieses Auf und Ab zu starren, anstatt die wachsende Höhe des Jo-Jos durch den Anstieg des Weges zu beobachten.

Unvorteilhafte Produkte

Viele Anlage- und Vorsorgeprodukte sind das in sie investierte Geld nicht wert. Schlimmer noch: Bei einigen von ihnen tragen Sie unnötige und nicht erkennbare Risiken. Bei anderen zahlen Sie insgesamt mehr ein, als Sie letztlich dafür bekommen. Und das liegt nicht nur an der Nullzinswelt, in der wir uns derzeit bewegen. Warum bestimmte Produkte Ihren Finanzen eher schaden als nützen und welche das sind, erfahren Sie in diesem Kapitel.

Zehn Produkte, die Sie als Anleger meiden sollten

Unter den vielen in Deutschland vertriebenen Anlage- und Vorsorgeprodukten gibt es eine beträchtliche Anzahl, die aus Expertensicht so etikettiert werden können: »Dinge, die der Mensch nicht braucht«. Die Unvorteilhaftigkeit dieser Produkte lässt sich keineswegs allein auf die Nullzinswelt zurückführen, sondern vielmehr auf folgende **Merkmale** (Mehrfachnennungen leider keineswegs ausgeschlossen):

- Ertraglosigkeit oder Ertragsarmut
- Unangemessen hohe, oftmals versteckte Risiken
- Ungünstiges Verhältnis von Chancen und Risiken (schiefe Wetten)
- Täuschung der Kunden (Mogelpackungen)
- Mangelnde Transparenz, Unverständlichkeit
- Hohe Kosten, versteckte Kostenkomponenten

Kritisch sind auch Produkte zu sehen, die gegenüber anderen Produkten mit gleicher Wirkung bzw. Funktion in wichtigen Merkmalen unterlegen sind. Beispiel: Warum sollten Sie mit einem Indexzertifikat das Ausfallrisiko einer Bank übernehmen, wenn die exakt gleiche Geldanlage ohne dieses Risiko in einem Indexfonds möglich ist?

Nachstehend sind **zehn Produktgruppen** aufgeführt, die Sie aus Expertensicht grundsätzlich meiden sollten. Grundsätzlich bedeutet, dass es bei dem einen oder anderen Vehikel vielleicht ganz seltene Ausnahmen geben könnte. An eine solche Ausnahme sollten Sie jedoch nur glauben, wenn ein neutraler Sachverständiger Ihnen dies vorrechnet oder bestätigt. Wenn Ihnen hingegen Ihr FPV zustimmt, dass das Vehikel grundsätzlich unvorteilhaft sei, in gerade Ihrem Fall jedoch eine Ausnahme bestünde, dann wissen Sie schon selbst, was Sie davon halten dürfen (und dass Ihnen hier gerade die nicht passenden Schuhe passend gemacht werden sollen).

Nr. 1: Euro-Anleihen

Früher galten Anleihen als Möglichkeit, eine risikolose Rendite zu erzielen. Heute sind Anleihen – zumindest in der Eurozone – jedoch ein renditeloses Risiko.

Euro-Anleihen guter Bonität

Die Eurozone steckt seit Jahren in der sogenannten Zinsfalle. Anleihen guter Bonität, wie z. B. die Deutschen Bundesanleihen, weisen durchgängig eine negative Verzinsung auf. Mit Stand Ende 2019 beträgt diese selbst bei zehnjährigen Bundesanleihen rund minus (!) 0,7 % p. a. Wenn Sie sich für 30 Jahre binden, erhalten Sie Stand Ende 2019 ebenfalls eine Negativverzinsung. Natürlich *vor* Steuern und dies angesichts einer aktuellen Inflationsrate von knapp 2 %, die Ihre Kaufkraft schmälert und in den 30 Jahren natürlich jederzeit ansteigen kann.

Das ist eine so noch nie dagewesene Situation. Die sich aber aufgrund der Verschuldung einiger Euro-Staaten auf absehbare Zeit kaum ändern wird. Es sei denn, die Eurozone bricht auseinander und wir kehren zu nationalen Währungen zurück.

Als Privater sollten Sie von Euro-Staatsanleihen die Finger lassen.

Euro-Hochzinsanleihen

Hochzinsanleihen, auch als High-Yield-Bonds oder weniger respektvoll als Junk-Bonds (= Schrottanleihen) bezeichnet, sind festverzinsliche Wertpapiere von Schuldnern eingeschränkter oder schlechter Bonität. Seit Beginn der Nullzinsära weichen viele Anleger auf solche mit höheren Ausfallrisiken aus. Dazu gehören beispielsweise ungesicherte Mittelstandsanleihen sowie Anleihen, die kein Rating (Rating = Bonitätsbewertung durch eine spezielle Bewertungsagentur) besitzen.

In der Nullzinswelt bedeutet der Begriff Hochzinsanleihe keineswegs, dass Sie hier etwa eine zweistellige Rendite bekommen. Hochzinsanleihen liegen schon vor, wenn Sie im Fünfjahresbereich statt minus 0,8 % plus 2 % oder 2,5 % p. a. erhalten.

Jedoch ist Ihnen auch von Hochzinsanleihen klar abzuraten. Denn in Wahrheit erhalten Sie keinen höheren Zins, sondern eine Risikoprämie. Das ist quasi eine Art Versicherungsgebühr dafür, dass Sie bei Schwierigkeiten des Schuldners Ihr Geld nicht mehr zurückbekommen werden. Auch wenn das Ausfallrisiko Ihnen gering erscheinen mag: In der nächsten Krise können die Hochzinsanleihen dahingerafft werden. Und wegen des augenblicklichen Runs auf die Hochzinsanleihen sind die erhältlichen Risikoprämien derzeit im Verhältnis zu den drohenden Risiken viel zu gering. Also lassen Sie am besten auch diese Produkte links liegen.

Bessere Alternativen lernen Sie in Kapitel »Gute Produkte« kennen.

Nr. 2: Bausparverträge

Bausparen hat in Deutschland eine lange und gute Tradition. Dank der Bauspardarlehen haben es in den Jahren zwischen dem Ende des Zweiten Weltkriegs und Beginn der Nullzinspolitik viele von der Mietwohnung ins Eigenheim geschafft. Dies möchte ich ausdrücklich würdigen. Denn durch das Bausparkollektiv konnte die Zinshöhe des Bauspardarlehens von der Entwicklung der Finanzmärkte entkoppelt werden. Jeder Kunde wusste bereits vorab, zu welchen Zinsen er später sein Bauspardarlehen erhalten würde. Er hatte damit Planungssicherheit, die den Schritt zum Eigenheim erleichterte. Dieser Zusammenhang ist auch heute im Grundsatz nach wie vor gültig.

Jedoch sind die Konditionen von heute abgeschlossenen Bausparverträgen verglichen mit den Marktzinsen der aktuellen

Nullzinswelt so ungünstig, dass vom Neuabschluss von Bausparverträgen abgeraten werden muss.

Bewertung in der Nullzinswelt

Die Fakten auf Basis eines typischen Tarifs einer marktführenden Bausparkasse:

Die Bausparsumme (100 %) wird zu 40 % mit einem jährlichen Zins von 0,1 % angespart (Ansparphase = Geldanlage). Nach der Zuteilung gibt es als Gegenleistung dafür ein Bauspardarlehen über die verbleibenden 60 % zu einem jährlichen Zinssatz von 2 % (Darlehensphase = Kredit). Durch die Abschlussgebühr von einem Prozent auf die Bausparsumme sowie die jährlichen Vertragskosten sinkt in der Ansparphase der nominelle Jahreszins von plus 0,1 % auf tatsächliche minus 0,4 % p. a. Das bedeutet, dass am Ende der Anspardauer nicht einmal das nominell eingebrachte Kapital gesichert wurde. Dies ist als »Preis« für die Zinsgarantie von nominell 2 % p. a. in der Darlehensphase zu sehen, die sich nach Kosten auf ca. 2,3 % p. a. erhöht.

Die Bausparfinanzierung ist also relativ risikoarm und planbar. Doch ist sie auch vorteilhaft? Diese Frage beantworten Experten durch Errechnung eines Vergleichszinses (der Fachausdruck dafür lautet Break-Even-Zinssatz), den Sie maximal für eine Immobilienfinanzierung am Markt bezahlen dürften, um mit dem Bausparvertrag gleichzuziehen. Denn Sie könnten ja statt der Ansparung im Bausparvertrag (Geldanlage) Ihr Geld in einen zumindest etwas höher verzinslichen Sparplan einzahlen und den verbleibenden Darlehensbedarf (Kredit) als Hypothekendarlehen aufnehmen. Je nach Annahmen liegt der Break-Even zwischen 3 % und 3,5 % p. a. Zum Vergleich: Aktuell würden Sie ein laufzeitgleiches Darlehen für unter 1 % p. a. erhalten. Die Zinssicherung ist also sehr teuer.

Nun könnten ängstliche Immobilienanwärter argumentieren, dass man die Zinsentwicklung ja nicht prognostizieren könne und ein Zinsanstieg auf über 3,5 % durchaus möglich sei. Jedoch zeigen sowohl die Marktdaten als auch die politische Situation, dass eine so starke Zinserhöhung innerhalb des Euroraums nach menschlichem Ermessen undenkbar ist. Sie wäre nur in einem extremen Krisenszenario denkbar, z. B. bei einem Zusammenbruch der Eurozone und einer Rückkehr zu einer nationalen Währung wie einer »Neuen D-Mark«. In einem solchen Szenario würde ein Run auf die Bausparkredite einsetzen. Im besten Fall hätte dies zur Folge, dass sich die Zuteilung der Kredite um einige Jahre verschieben würde. Im schlechtesten Fall hätte es die Konsequenz, dass der Gesetzgeber die Bausparkassen »rettet«, indem er sie von der Verpflichtung der Kreditauszahlung zum garantierten Festzins freistellt.

Attraktiv für Freundsparer?

Manche besparen Bausparverträge lediglich, ohne ein späteres Darlehen in Anspruch nehmen zu wollen (= Freundsparer). Sie nutzen den Bausparvertrag also tatsächlich nur als Geldanlage.

Jedoch zeigt der negative Ansparzins aus dem Beispiel oben, dass sich dies auch nicht lohnt.

Nun bleibt nur noch das Argument, dass Freundsparen durch eine Sparprämie bzw. vom Arbeitgeber finanzierte vermögenswirksame Leistungen (VL) attraktiv werden könnte. Ein Scheinargument, denn beide Förderungen sind auch mit Sparformen möglich, die keinen Negativzins erbringen.

Seltene Ausnahme: Bonitätshebelung

Der Vollständigkeit halber sei hier noch eine seltene Einzelfallkonstellation erwähnt, in der sich Bausparen ausnahmsweise doch lohnen könnte. Das könnte gelingen, wenn sich der Bausparvertrag als Finanzierungsbaustein in die Gesamtfinanzierung einfügt. Da Bauspardarlehen von bis zu 30.000 Euro (Bausparkassen-Verordnung, Stand 2019) nämlich nicht ins Grundbuch eingetragen werden müssen, freut sich ein anderer Kreditgeber über den freien Rang im Grundbuch und belohnt dies mit einem günstigeren Darlehenszins für die Restfinanzierung (Bonitätshebelung). Das muss aber im Einzelfall genau passen und fällt schon in die hohe Kunst des »Financial Engineering«.

> Abgesehen von dem selten funktionierenden Fall der Bonitätshebelung kann ich Ihnen in der heutigen Nullzinswelt den Abschluss eines Bausparvertrags nicht empfehlen. Mein ablehnendes Urteil gilt sowohl für den Fall, dass Sie eine zukünftige Immobilienfinanzierung erwarten, als auch für den Fall, dass Sie keine Darlehensinteressen besitzen (Freundsparer).

Ausführlicher zum Thema Bausparen lesen in meinem Buch »Einfach genial entscheiden in Geld- und Finanzfragen«.

Nr. 3: Riester- und Rürup-Verträge

Riester- und Rürup-Verträge sind Rentenprodukte zur staatlich geförderten zusätzlichen Altersvorsorge. Mit der Riester-Rente werden hauptsächlich pflichtversicherte Arbeitnehmer angesprochen. Die Rürup-Rente ist primär für Selbstständige vorgesehen.

Kennzeichen beider Vorsorgeformen ist eine Verschiebung der Steuerlast aus der Ansparphase in die Rentenphase. Das bedeutet, dass Sie während Ihrer aktiven Beschäftigungszeit Ihre Sparleistungen aus unversteuertem Einkommen erbringen können. Dadurch sinkt Ihre Steuerlast in der Ansparphase. Umgekehrt sind die Rentenzahlungen, die Sie später erhalten, steuerpflichtig. Dieser Effekt – in der Fachsprache zutreffend »Steuerverlagerung« genannt – wird von FPV regelmäßig als »Steuerersparnis« bezeichnet. Dies ist aber falsch. Denn Sie sparen keine Steuern, sondern verschieben die Zahlung nur in die Zukunft. Doch mit Speck fängt man Mäuse und die sofort winkende Steuerminderung bewertet die menschliche Psyche regelmäßig stärker als die erst später drohende Steuermehrbelastung. Dies hat schon viele zum vorschnellen Abschluss von Riester- und Rürup-Verträgen verführt.

Riester im Detail

Riestern kann man seit 2002. Der Löwenanteil der bislang abgeschlossenen Riester-Verträge sind klassische Lebensversicherungen oder fondsgebundene Versicherungen (Versicherungsriester). Mit großem Abstand folgen Wohn-Riester sowie Bank-Riester. Diese Verteilung korrespondiert exakt mit der Provisionshöhe für die FPV. Welch ein Zufall!

- **Bank-Riester** werden von Banken und Sparkassen in der Nullzinswelt jedoch mittlerweile kaum mehr angeboten. In Einzelfällen wurde von den Instituten sogar versucht, die Kunden aus bestehenden Verträgen herauszudrängen. Nicht gerade kundenfreundlich!
- **Versicherungsriester** zeichnen sich insbesondere durch hohe Kosten aus, die im Durchschnitt erheblich über dem Niveau vergleichbarer privater Versicherungsverträge liegen. Dies kann auch an den durchschnittlich geringen Sparbeiträgen der Riester-Verträge liegen. So erreichen viele bislang zur Auszahlung gelangte Riesterrenten monatlich weniger als 10 Euro! Oder es liegt daran, dass die Versicherer mit Hinweis auf die erhältliche staatliche Förderung (Achtung: keineswegs eine stattliche Förderung) höhere – zudem zum Teil gut versteckte – Kosten durchsetzen können. Unglaublich und höchst unerfreulich: In vielen Fällen übersteigen die von den Versicherern über die Laufzeit vereinnahmten Kosten die Summe der Riester-Förderung. Ein zusätzliches Problem der Riester-Verträge ist die gesetzlich vorgeschriebene Beitragsgarantie, welche die Anlagemöglichkeiten der Versicherer

überwiegend auf niedrig verzinsliche Wertpapiere begrenzt. Was dies in einer Nullzinswelt bedeutet, ist klar: Der typische Riester-Sparer erhält real, also nach Abzug der Inflationsrate, erheblich weniger zurück, als er eingezahlt hat.

- **Wohn-Riester** kombiniert das Prinzip der nachgelagerten Besteuerung mit einem Bausparvertrag. Die Umsetzung ist höchst kompliziert. Entsprechend hoch ist die Quote von »Unfällen« bzw. Mängeln in der Vertragsdurchführung. Es gibt unzählige Fälle, in denen Kunden – stets zu ihrem eigenen Nachteil – Anträge vergessen oder falsch ausfüllen. Auch die meisten Vermittler zeigen sich mit der Komplexität von Wohn-Riester überfordert.

> Auch wenn die Finanzdienstleistungslobby Riester-Verträge mit großem Werbeaufwand anpreist: Finger weg von diesen Verträgen! Ich teile die Meinung der Verbraucherzentralen und rate Ihnen dringend vom Abschluss eines Riester-Vertrags ab. Und zwar auch dann, wenn Ihnen dadurch die staatliche Prämie entgeht.

Was Sie am besten mit einem bereits bestehenden Riester-Vertrag machen, lesen Sie in Kapitel »Richtiger Umgang mit Altlasten«.

Zukunft von Riester?

Der Koalitionsvertrag des Jahres 2018 sieht die »Entwicklung eines attraktiven standardisierten Riester-Produkts« und damit eine überfällige Reform der bisherigen Riester-Konstruktion vor.

Die Umsetzung dieser Idee in die Praxis erweist sich jedoch als zäh und dauert an.

Der Bundesverband der Verbraucherzentralen (VZVB) hat derweil mit der »Extrarente« eine konstruktive und höchst praktikable Alternative aufgezeigt. Diese orientiert sich in vielen Punkten an im Ausland bereits bestens funktionierenden Versicherungen und würde im Falle ihrer Einführung sowohl erheblich kostengünstiger als Riester sein, als auch die Problematik der renditefressenden Beitragsgarantie vermeiden.

Rürup im Detail

Die seit 2005 existierenden Rürup-Verträge – auch als Basisrente bezeichnet – wenden sich insbesondere an Selbstständige und Freiberufler. Ebenso an gutverdienende Angestellte, die über der Beitragsbemessungsgrenze liegen und somit eine besonders große Rentenlücke erwarten müssen.

Stand 2019 kann man Einzahlungen in einen Rürup-Vertrag bis zu einer Höhe von 24.305 Euro zu 88 % vom steuerpflichtigen Einkommen absetzen. Dafür wird die spätere Rürup-Rente ab dem Jahr 2040 wie anderes Einkommen tarifbesteuert. Bei vor dem Jahr 2040 zur Auszahlung kommenden Rürup-Renten bleibt ein von Jahr zu Jahr sinkender Prozentsatz steuerfrei.

- Bei der **klassischen Rürup-Rente** hat der Sparer eine geringe Garantieverzinsung, die sich jedoch lediglich auf den Sparanteil nach Kosten bezieht. Es ist höchst unwahrscheinlich, dass Versicherte – bei durchschnittlicher Lebenserwartung – auf ihr eingezahltes Geld eine Rendite erhalten, die den Kaufkraftverlust durch Inflation kompensiert.

- Bei der **fondsgebundenen Rürup-Rente** können die Garantiekosten vermieden werden. Allerdings besteht das (bei langfristigen Verträgen jedoch eher theoretische) Risiko, dass die Rentenzahlung nicht dem Gegenwert der Ansparleistung entspricht.

Heikel in beiden Fällen: An Geld, das Sie einmal in einen Rürup-Vertrag eingezahlt haben, kommen Sie nie wieder heran. Auch nicht unter Verlusten. Auch nicht, wenn es Ihnen gesundheitlich oder finanziell schlecht geht. Eine Kündigung ist nicht möglich – lediglich eine Beitragsfreistellung, bei der die Kosten allerdings munter weiterlaufen. Sie haben auch kein Recht, im Rentenalter eine Einmalzahlung (Ablaufleistung) zu erhalten. Sie erhalten frühestens ab dem 62. Lebensjahr eine Rentenzahlung. Das ist – wie man heute so schön sagt – alternativlos.

Rürup-Neuabschlüsse nicht empfehlenswert

Angesichts der genannten gesetzlichen »Spielregeln« ist Ihnen vor dem Neuabschluss von Rürup-Verträgen leider abzuraten, wie auch das folgende Beispiel verdeutlicht.

NEGATIVBEISPIEL: RÜRUP

Ein Versicherter erkrankt mit Ende 50 schwer und braucht dringend Geld für eine Therapie. Er kommt an sein Rürup-Geld nicht heran und verstirbt untherapiert vor dem 62. Lebensjahr. Nicht einmal die Erben profitieren dann vom Rürup-Geld. Ihn und seine Erben wird es auch nicht trösten, dass er seine Beitragszahlungen dem Versichertenkollektiv sozusagen »gespendet« hat. Oder noch besser, dass ein Teil davon als sogenannte »Sterblichkeitsgewinne« an die Aktionäre des Versicherers ausgeschüttet werden.

Ergänzend sollten Sie wissen, dass die Versicherer bei der Berechnung Ihrer Rentenhöhe keineswegs gesetzlich reglementiert oder beaufsichtigt werden, sondern erhebliche Spielräume haben. Insofern können die Gesellschaften annehmen, dass unsere Lebenserwartung in den nächsten Jahren noch erheblich zu- und damit die Rentenhöhe abnimmt. Und wenn das Versichertenkollektiv dann im Durchschnitt doch früher verstirbt, dann fallen eben wieder »Sterblichkeitsgewinne« an.

Bei vielen Rürup-Bestandsverträgen ergibt sich aufgrund der Nullzinswelt aktuell ein trauriges Bild. Kunden erhalten ein schnödes Schreiben, indem sie darauf hingewiesen werden, dass der Versicherer ihre Sparanteile ausschließlich in risikolosen Anlagen investieren kann, um sein Garantieversprechen einzuhalten. Dies bedeutet in der Nullzinswelt, dass die Sparanteile mit Renditen weit unter der Inflationsrate angelegt werden. Parallel laufen die hohen Kosten unverändert weiter, sodass der Kunde seinem Geld beim Schrumpfen zusehen kann, ohne irgendwie eingreifen zu können.

Auch von Rürup-Neuabschlüssen rate ich dringend ab.

Nr. 4: Lebens- und Rentenversicherungen

In Deutschland gibt es weit über 80 Millionen Lebensversicherungsverträge, fast so viele, wie Deutschland Einwohner hat.

Konstruktionsweise

Die hier bewerteten Lebens- und Rentenversicherungsverträge werden in Fachkreisen als »klassische Vorsorge-Versicherungen« bezeichnet. Der Unterschied zwischen beiden Vertragstypen:

- Bei einer Lebensversicherung erhalten im Falle Ihres frühen Ablebens Ihre Hinterbliebenen eine vertraglich definierte Todesfallzahlung.
- Bei der Rentenversicherung gibt es in diesem Fall nur die bis zum Todesfall bezahlten Beiträge zurück. Dafür entfallen bei der Rentenversicherung die Kosten für den Todesfallschutz.

Mit anderen Worten: Die Lebensversicherung ist eine Rentenversicherung plus Risikoversicherung für den Todesfall.

Steuerliche Vorteile

In beiden Fällen erfüllt die Lösung über einen Versicherungsvertrag (Fachausdruck: Versicherungsmantel) die Anforderungen des Alterseinkünftegesetzes, wodurch – stark vereinfacht ausgedrückt – steuerliche Vorteile erzielt werden können. Altverträge mit Abschluss vor dem 1.1.2005 sind völlig steuerfrei. Für später abgeschlossene Verträge gilt Folgendes: Bei Auszahlung der Ablaufleistung nach einer Mindestlaufzeit von 12 Jahren und einem Endalter von mindestens 62 Jahren sind die Erträge zur Hälfte steuerfrei. Und lediglich die andere Hälfte wird mit dem dann gültigen Einkommenssteuersatz des Versicherten belastet (Steuervorteil 1). Hinzu kommt, dass während der gesamten Vertragslaufzeit keine jährliche Kapitalertragsteuer anfällt, sodass das unversteuerte Kapital mit jährlichem Zinseszinseffekt angelegt werden kann. Die Verschiebung des Besteuerungszeitpunktes über die Zeitachse bewirkt einen weiteren – nicht zu unterschätzenden – Steuervorteil (Steuervorteil 2).

Wählen Sie nicht die einmalige Ablaufleistung (einmaliger Auszahlungsbetrag zum Ende der Laufzeit), sondern lassen sich Ihr Geld als Rente auszahlen, so wird auch hier nur ein Teil – der sogenannte Ertragsanteil – steuerpflichtig (geregelt in § 22 Einkommensteuergesetz). Der Ertragsanteil hängt vom Alter bei Renteneintritt ab und beträgt beispielsweise bei einem Rentenbeginn mit 65 Jahren 18 %. Also würden bei einer Rente von 200 Euro nur 36 Euro steuerpflichtig – und nur hierauf wird Ihr persönlicher Steuersatz angewendet.

Rendite nur auf Sparanteil

Klingt eigentlich ganz gut. Warum haben es Lebens- und Rentenversicherungsverträge aber dann trotzdem in das Kapitel der unvorteilhaften Produkte geschafft?

Ein Grund sind auch hier die enorm hohen Kosten, welche die Versicherer vereinnahmen und welche die Rendite der Kunden schmälern.

Typisch für beide Vertragsarten ist zudem, dass die Sparanteile der eingezahlten Beiträge in einem sogenannten Sicherungsvermögen (im Volksmund noch als Deckungsstock bekannt) angelegt werden und Sie als Kunde eine Garantieverzinsung von aktuell 0,9 % p. a. (Stand 2019) erhalten. Das klingt bereits nach sehr wenig – insbesondere vor dem Hintergrund einer erheblich höheren Inflationsrate. Doch selbst die 0,9 % gibt es nicht auf Ihre eingezahlten Beiträge, sondern lediglich auf den Sparanteil – also nur auf den Teil Ihrer Einzahlungen, der nach Abzug aller Kostenpositionen zur Anlage übrigbleibt. Als Kunde haben Sie übrigens kein Recht, die Höhe des Sparanteils zu erfahren.

Zahlen Sie also beispielsweise monatlich 100 Euro in einen solchen Vertrag, so werden davon Abschlusskosten, Verwaltungskosten, fixe Verwaltungskosten und vielleicht auch noch Risikokosten in Ihnen unbekannter Höhe abgezogen. Und nur der Rest wächst dann mit 0,9 % Garantieverzinsung. Im günstigen Fall kann es sein, dass Ihr Versicherer mehr als den Garantiezins erwirtschaftet und Sie an diesen Überschüssen beteiligt. Aber das ist fraglich und in der Nullzinswelt zunehmend unwahrscheinlich.

Kurzum: Klassische Lebens- und Rentenversicherungen sind in der Nullzinswelt weder vorteilhaft noch zukunftsfähig. Das haben viele Versicherer auch selbst eingesehen und sich »freiwillig« aus dem Neugeschäft zurückgezogen. Andere belassen diese Tarife zwar noch in ihrem Angebotsportfolio, bewerben sie aber nicht mehr. Die Versicherer haben ihre FPV angewiesen, sie nicht mehr aktiv zu verkaufen, sondern nur noch an solche Kunden zu vermitteln, die ein solches Produkt von sich aus nachfragen. Entsprechend gering ist das Neugeschäft.

Die Vertriebsanstrengungen der Versicherer richten sich aktuell entweder auf »Fondspolicen« – das sind fondsgebundene Lebens- oder Rentenversicherungen – oder auf Produkte der sogenannten »Neuen Klassik« – das sind insbesondere Indexpolicen. Beide Vertragstypen werden im Folgenden erläutert.

> Schließen Sie also keine kapitalbildenden Lebens- oder Rentenversicherungen neu ab. Dieser Tipp ist klar und einfach. Schwieriger wird es bei bereits bestehenden Verträgen, da jeder Fall anders liegen kann. Mehr dazu lesen Sie in Kapitel »Richtiger Umgang mit Altlasten«.

Nr. 5: Teure Fondspolicen

Fondspolicen – auch fondsgebundene Lebens- oder Rentenversicherungen genannt – setzen sich aus zwei Teilen zusammen, die man sich wie Motor und Karosserie eines Autos vorstellen kann. Der (Rendite-)Motor besteht aus einem oder mehreren Fonds, in dem der Sparanteil des Kunden landet. Je nach Versicherer kann sich der Kunde den oder die gewünschten Fonds aus einer kleineren oder größeren Vorauswahl selbst heraussuchen. Und er hat dabei auch die Möglichkeit, durch Wahl von Aktienfonds erheblich höhere durchschnittliche Renditen zu erzielen, als dies bei klassischen Lebens- oder Rentenversicherungen der Fall wäre.

Die Karosserie drum herum ist der Versicherungsmantel. Dieser bewirkt im Fall der fondsgebundenen Lebensversicherung den Todesfallschutz. Bei der fondsgebundenen Rentenversicherung entfallen der Todesfallschutz und auch die damit verbundenen Kosten. Jedoch bewirkt der Versicherungsmantel sowohl bei der fondsgebundenen Lebens- als auch Rentenversicherung die im Kapitel zuvor beschriebenen steuerlichen Vorteile.

Kosten auf vielerlei Ebenen

Unvorteilhaft werden Fondspolicen sehr oft durch eine enorme Kostenbelastung. Sie ergibt sich dadurch, dass sich eine Vielzahl unterschiedlicher Kostenarten häuft. Im Einzelnen sind dies:

- Vertriebs- und Abschlusskosten (= Alphakosten)
- Verwaltungskosten (= Betakosten)
- fixe Verwaltungskosten (= Kappakosten) – sie fallen zusätzlich zu den Verwaltungskosten an
- Kapitalanlagekosten des Versicherers (= Gamma1-Kosten)
- Kapitalanlagekosten der beauftragten Fondsgesellschaft (= Gamma2-Kosten), mit vielen Kosten-Unterarten
- Transaktionskosten auf Fondsebene (dafür gibt es keinen griechischen Buchstaben)

- Depot- und Performancegebühren (ebenfalls kein griechischer Buchstabe)

Im Ergebnis bleibt nach all diesen Kosten einfach zu wenig Fleisch für Sie am Knochen. Kumulierte Kostenbelastungen von stattlichen 70 bis 80 % der über die Vertragslaufzeit eingezahlten Beträge sind leider branchenüblich. So kann es gut vorkommen, dass der Renditemotor – also Ihr Fonds – zwar vor Kosten durchschnittlich 8 bis 9 % p. a. erwirtschaftet hat, für Sie jedoch nach Abzug aller Kostenarten letztendlich weniger als 2 % übrig bleiben. Sie sehen: Die typische Fondspolice ist extrem lukrativ – aber eben nur für den Versicherer.

Als erheblich vorteilhaftere Alternative zu den am Markt dominierenden Fondspolicen wird in Kapitel »Gute Produkte« die Netto-Fondspolice vorgestellt, die ganz ähnlich konstruiert ist, jedoch viel geringere Kosten verursacht.

Nr. 6: »Neue Klassik« und Indexpolicen

Als Reaktion auf die in den letzten Jahren sinkenden Zinsen und die heutige Nullzinswelt bringen Versicherer verstärkt »Neue Klassik«-Tarife und Indexpolicen auf den Markt. Die Tarifvielfalt ist dabei extrem unübersichtlich. Selbst versicherungsnahe Institute sprechen in diesem Zusammenhang von »Tarifdschungel«.

»Neue Klassik«: Erscheinungsformen der verbraucherunfreundlichen Lebensver(un)sicherung

Wenn Ihr FPV Ihnen ein Produkt wie Index-Hybrid Rente, Garantiefonds-Rente, With-Profit-Rente, Variable-Annuity-Rente oder BankGarantierente oder mit ähnlich exotischen Bezeichnungen empfiehlt, sollten Sie sofort das Weite suchen.

Eine Gemeinsamkeit all dieser Tarife ist ihr Versprechen, höhere Renditen bei gleichzeitiger Planungssicherheit für den Kunden zu erwirtschaften. Das klingt nach einer Quadratur des Kreises. Bei näherem Hinsehen wird jedoch erkennbar, dass diese nicht gelingt. Zwar erreichten einige Tarife verglichen mit traditionellen Lebens- und Rentenversicherungen in einzelnen Jahren eine etwas höhere laufende Verzinsung auf die Sparanteile. Jedoch errechnet sich die Verzinsung nur auf den Sparanteil des Kunden, also aus dem bezahlten Beitrag abzüglich Kosten. Und die Kosten bei den Tarifen der »Neuen Klassik« liegen im Schnitt ca. 33 % bis 50 % höher als bei den ohnehin schon gebührenintensiven Vorgängertarifen der klassischen Lebens- und Rentenversicherungen.

Und war der garantierte Mindestzins von 0,9 % auf den Sparanteil schon bisher sehr mager, bieten diese Tarife überwiegend nur die Garantie, die Summe der Beiträge zurückzuerstatten. Achtung: Dies kann unter Berücksichtigung von Inflation (Kaufkraftverlust) je nach Laufzeit einen realen Verlust von 40 bis 60 % für Sie bedeuten!

Indexpolicen: Mogelpackungen zulasten des Kunden

Teilweise werden Indexpolicen als eine Tarif-Art (Unterart) der »Neuen Klassik« verstanden. Andere definieren sie aufgrund ihrer starken Verbreitung als eigenständige Gruppe. Da Indexpolicen massiv beworben und auch relativ gut verkauft werden, möchte ich sie kurz erläutern.

Indexpolicen verdanken ihren Verkaufserfolg wahrscheinlich dem guten Ruf von Indexinvestments, also z. B. Indexfonds oder indexnahen ETFs. Bei der Indexpolice werden jedoch die Sparanteile wie bei klassischen Lebens- oder Rentenversicherungen im Sicherungsvermögen – also niedrigverzinslich – angelegt. Lediglich die im Vergleich zu den Sparanteilen geringen Überschüsse können indexorientiert und kapitalmarktnah angelegt werden. Der Kunde erhält bei vielen Tarifen eine jährliche Wahlmöglichkeit zwischen der indexorientierten Anlage der Überschüsse oder deren traditioneller Anlage im Sicherungsvermögen.

Das hört sich alles scheinbar doch ganz gut an, meinen Sie? Leider nur scheinbar, denn Indexpolicen sind teure Mogelpackungen mit unsicheren Chancen, aber ganz sicher hohen Kosten. In Übereinstimmung mit den Verbraucherzentralen, Stiftung Warentest, dem Bund der Versicherten und der Bürgerinitiative Finanzwende rate ich Ihnen klar von einem solchen Vertrag ab. Als Alternative im Versicherungsbereich empfehle ich eine kostengünstige und transparente Netto-Fondspolice oder, falls für Sie ein Versicherungsmantel verzichtbar ist, einen

ETF-Sparplan. Beide Varianten sind im Kapitel »Gute Produkte« ausführlich beschrieben.

Nr. 7: Investmentzertifikate

Investmentzertifikate sind rechtlich gesehen Anleihen bzw. Schuldverschreibungen, die meist von Kreditinstituten herausgebracht werden. Sie als Kunde sind dabei der Gläubiger und das Kreditinstitut ist der Schuldner. Im Gegensatz zu »normalen« Schuldverschreibungen besteht hier Ihre Belohnung dafür, dass Sie der Bank oder Sparkasse Ihr Geld überlassen, jedoch nicht in einem festen Zinssatz, sondern kann an ganz unterschiedliche Bezugsgrößen gekoppelt sein.

Und genau das eröffnet ein riesiges Feld an Spielregeln, Variationsmöglichkeiten und unterschiedlichen Rückzahlungsprofilen. Von relativ braven Index-Zertifikaten über Varianten, die Kursveränderungen von einzelnen Aktien, dem Goldpreis oder Rohstoffpreisen mit oder ohne Hebel (= Multiplikationsfaktor) abbilden, bis hin zu sehr spekulativen »Zocker-Zertifikaten« ist alles möglich. Es gibt kaum eine noch so ausgefallene Anlage-Idee, die sich nicht mit einem Investmentzertifikat umsetzen ließe. Die Fantasie der Finanzindustrie ist hier beachtlich. Jedoch sollten Sie Investmentzertifikate aus folgenden Gründen eher kritisch sehen und am besten vollständig meiden.

Ausfallrisiko

Ihre Geldanlage in Zertifikate wird nicht durch die europäische Einlagensicherung (Einlegerschutz – bis 100.000 Euro pro Einleger und Institut) gedeckt. Bei einer Insolvenz des Kreditinstitutes können Sie also einen Totalausfall erleiden. Dies ist keineswegs ein theoretisches Risiko. Bei der Pleite der Investmentbank Lehman Brothers im Jahr 2008 haben allein die über 40.000 deutschen Anleger über eine Milliarde Euro verloren. Das kann sich gerade in der aktuellen Nullzinswelt jederzeit wiederholen – viele Kreditinstitute stehen mitnichten solide da.

Fallstricke

Das Kleingedruckte der Anlagebedingungen überfordert den Anleger häufig, und zwar regelmäßig zu seinem Nachteil.

Dazu ein klassisches Beispiel: Wenn Sie vom Deutschen Aktienindex (DAX) hören, denken Sie dann eher an einen Indexstand von über 10.000 Punkten oder eher unter 6.000 Punkten? Wahrscheinlich doch Ersteres. Das ist der sogenannte Performance-DAX, der täglich in den Medien genannt wird. Es gibt jedoch auch den weniger bekannten Kurs-DAX. Wenn der Emittent im Kleingedruckten schreibt, dass Sie am Kurs-DAX beteiligt sind, dann überlesen Sie das wahrscheinlich. Und so entgeht Ihnen leider die jährliche Differenz zwischen Kurs- und Performance DAX, was rund 3 % p. a. ausmachen kann.

Kannten Sie diesen Trick schon? Freuen Sie sich nicht zu früh – es gibt noch viele andere Tricks rund um die Investmentzertifikate ...

Die meisten Investmentzertifikate sind extrem schwer verständlich. In rechtlich unverbindlichen Werbeflyern und den Erläuterungen von FPV kann alles ungestraft rosarot dargestellt werden. Der folgende Satz, der in jedem juristisch zwingend vorgeschriebenen Produktinformationsblatt komplexer Zertifikate steht, sagt jedoch schon alles: »Sie sind im Begriff, ein Produkt zu erwerben, das nicht einfach ist und schwer zu verstehen sein kann.«

Viele Zertifikate sind wie Wetten konstruiert. Sie verführen zum Zocken und nutzen die Selbstüberschätzung der Anleger aus. Während die Herausgeber der Zertifikate gleich mehrere gut ausgebildete Mathematiker und Statistiker mit Berechnungen und Simulationen von Gewinn- und Verlustszenarien betrauen, verlässt sich der verführte Anleger auf sein Bauchgefühl – und verliert meistens. In der Fachsprache nennt man solche Konstruktionen auch »schiefe Wetten« oder drastischer »legalen Betrug«.

Es gibt noch eine Vielzahl weiterer Argumente gegen Investmentzertifikate. Aber für Sie als Anleger sollten die bisher genannten als Ausschlussgrund schon genügen. Viele von Ihnen brauchen vielleicht keine glutenfreie oder laktosefreie Ernährung. Aber jeder von Ihnen sollte ein konsequent Zertifikate-freies Depot bzw. Portfolio besitzen.

Nr. 8: Aktiv gemanagte Investmentfonds

Mit diesem Anlagevehikel sind die bekannten und weit verbreiteten sogenannten offenen Investmentfonds gemeint. Eine Kapitalanlagegesellschaft bündelt das von vielen Anlegern eingebrachte Kapital in einem Fonds. Dieser ist als Sondervermögen vor der Insolvenz der Gesellschaft geschützt und investiert die Mittel in einer oder mehreren Anlageklasse(n) – je nach Fondstyp sind das Aktien, Anleihen, Immobilien, Geldmarktanlagen oder eine Mischung daraus.

Was bedeutet aktiv?

Bei aktiven Investmentfonds versucht ein Fondsmanager besonders aussichtsreiche Anlagen zu erwerben und weniger aussichtsreiche zu meiden oder zu veräußern. Dafür berechnet die Fondsgesellschaft eine einmalige Gebühr beim Erwerb der Geldanlage (Agio), die häufig 5 % des Anlagebetrags ausmacht. Und obendrein jährlich wiederkehrende Gebühren (fortlaufende Kosten – Ongoing Charges, früher Gesamtkostenquote oder TER genannt), die meist zwischen 1,5 und 2,5 % pro Jahr liegen.

Das Gegenteil: passiv

Ganz anders beim passiven Investmentfonds (Indexfonds oder indexorientierte ETFs): Hier versucht die Fondsgesellschaft lediglich, die Wertentwicklung eines Index (also einer zuvor definierten Gruppe von Anlagen) möglichst gut abzubilden. Die

Kosten dieser Produkte sind geringer. Es gibt kein Agio, sondern lediglich kleine Spannen zwischen An- und Rücknahmekursen. Und die fortlaufenden Kosten beginnen bei 0,05 % und überschreiten selten 0,6 % p. a.

Aktiv schlechter als passiv

Obwohl es schon seit Jahrzehnten wissenschaftliche Beweise aus der Kapitalmarktforschung gibt, dass im Durchschnitt aktives Investieren gegenüber dem passiven Ansatz unterlegen ist, stirbt der Aberglaube nicht aus, dass Fondsmanager dank des Blickes in ihre Kristallkugel den Markt übertreffen könnten. Auch die enormen Werbeanstrengungen für aktives Fondsmanagement (vgl. das Kapitel »Informationsüberflutung und Finanzpornografie«) mögen dazu beitragen.

Sie als Anleger sollten jedoch die preiswerten Anlagevehikel bevorzugen und den Nobelpreisträgern statt Ihrem FPV glauben. Dabei werden Ihnen folgende Sätze helfen:

- Nichts und niemand kann Märkte voraussagen. Auch keine Fondsmanager. Also sollten Sie diese auch nicht dafür bezahlen.
- Natürlich kann ein aktiver Fonds gelegentlich den Markt schlagen. Sie können ja auch mal im Lotto gewinnen. ABER: Er kann ihn nicht auf Dauer schlagen. Vielleicht gibt es einige wenige »begnadete« Fondsmanager. Sie haben jedoch keine Chance, diese zu finden oder von den Glückspilzen zu unterscheiden, die ein paar Zufallstreffer gelandet haben, nur um

danach wieder vom Glück verlassen zu werden. Insoweit nutzt der Blick auf die Sieger von gestern nichts. Und welcher der Fonds der glückliche war, kann man erst im Nachhinein sagen. Vorhersagen kann man es nicht.

Auch im Durchschnitt können die Fondsmanager den Markt nicht schlagen. Denn sie sind in ihrer Gesamtheit ja der Markt.

Vor Kosten entspricht die Rendite aller aktiv angelegten Mittel exakt der Rendite aller passiv angelegten Mittel. Denn die passiv angelegten Mittel haben ja die Marktrendite erzielt. Und die Gewinne der überdurchschnittlichen aktiven Fonds entsprechen den Verlusten der unterdurchschnittlichen aktiven Fonds. Das ist die simple Logik eines Durchschnitts. Und **nach** Kosten sind die passiven Anlagen im Durchschnitt um die Kostendifferenz überlegen. Kurz: Alle Fonds zusammen ergeben die Marktrendite – bei den aktiven Fonds wird diese jedoch im Vergleich zu den passiven Fonds durch die höheren Kosten geschmälert.

Details zu wichtigen Erscheinungsformen

Anleihefonds

Da Anleihen langfristig im Durchschnitt erheblich geringere Renditen erbringen als Aktien, zehren die Kosten des Anlagevehikels Anleihefonds einen noch höheren Anteil der Marktrendite auf. Dies gilt in der Niedrig- bzw. Nullzinswelt ganz besonders.

BEISPIEL: VERHÄLTNIS VON KOSTEN ZU ERTRÄGEN

Ein aktiver Aktienfonds mit 2 % jährlichen Kosten verringert die (Aktien-) Markt-Rendite von durchschnittlich 8 % auf 6 %, also exakt um ein Viertel. Ein aktiver Anleihefonds mit »nur« 1,4 % jährlichen Kosten reduziert die (Anleihen-)Marktrendite von 2,8 % bereits um die Hälfte.

Das Beispiel zeigt: Bei Anleihefonds bleibt nach Kosten ein relativ noch geringerer Renditeanteil für Sie als Anleger. Daher ist von Anleihefonds besonders stark abzuraten.

Mischfonds

Mischfonds kombinieren mehrere Anlageklassen in einem Produkt. Am häufigsten ist die Mischung zwischen Aktien und Anleihen. Seltener kommen noch geringe Anteile von Gold oder Rohstoffen sowie Immobilieninvestments hinzu. Je nach Fondsstrategie sind die Anteile der verschiedenen Anlageklassen unterschiedlich hoch. Das werblich stets herausgestellte Versprechen dieser Fonds besteht darin, dass der Fondsmanager je nach Situation im Konjunkturzyklus sowie Einschätzung von Chancen und Risiken der Märkte die Gewichte der Anlageklassen verändern kann. Beispielsweise könnte er bei negativen Erwartungen die Aktienanteile verringern und in den »sicheren Hafen« der Rentenwerte gehen. Die Wahrheit sieht leider anders aus, da die Fondsmanager eben auch nicht in die Zukunft sehen können. So reduzieren sie zum Beispiel oftmals zu spät den Aktienanteil und verpassen andererseits den nächsten Aufschwung. Sie als Anleger erhalten also keinen adäquaten Mehrwert für die rund 2 % ausgewiesenen (plus zusätzlichen versteckten) Kosten dieses Fondstyps. Gerade in der Nullzinswelt, in der mit Anleihen kaum Rendite zu erzielen ist, muss von Mischfonds klar abgeraten werden.

Dachfonds

Diese Anlagevehikel legen nicht direkt in Aktien, Anleihen oder andere Anlageklassen an, sondern in andere Fonds. Dachfonds-Manager werben damit, dass sie mit ihrem Know-how in die »klügsten Köpfe«, also die besten Fondsmanager investieren. Wie empirische Analysen jedoch zeigen, gelingt dies nicht bzw. bestenfalls zufällig. Und damit nicht genug: Es fallen Kosten auf zwei Ebenen an! Erstens auf der Ebene des Dachfonds und zweitens auf der Ebene der Zielfonds (= die Fonds, in welche wiederum der Dachfonds anlegt). Diese Kosten müssen erst einmal wieder »eingespielt« werden. Und das gelingt vorhersehbar und auf Dauer nicht – Sie erinnern sich an die Nobelpreisträger von oben ... Also lassen Sie sich nicht von den blumigen Selbstdarstellungen blenden und meiden Sie Dachfonds konsequent.

Offene Immobilienfonds

Diese Art von Fonds ermöglicht es dem Privatanleger, bereits mit kleineren Beträgen in den Immobiliensektor zu investieren. Die Konstruktion von offenen Immobilienfonds ist ineffizient und teuer. Die vom Anleger zu tragenden Kosten sind zu hoch und teilweise intransparent. Die Selbstdarstellung, dass offene Immobilienfonds geringe Wertschwankungen hätten, ist geschönt. Denn die scheinbare Wertstabilität wird durch »geglättete Immobilienbewertungen« erreicht, die man auch »legale

Bewertungstricks« nennen könnte. Lassen Sie sich also nicht von den blumigen Anpreisungen blenden und meiden Sie offene Immobilienfonds.

Nr. 9: Exotische Sachanlagen

Als exotische Sachanlagen gelten (meist teure) Gegenstände, für die unterstellt wird, dass sie im Wert über die Zeit stabil bleiben oder sogar wachsen. Und deren Besitz, Hortung, Sammeln und Pflege zumindest manchen Menschen Spaß macht.

Bekannte Beispiele sind (bitte vor jeden Begriff noch die Worte wertvoll, edel oder antik ergänzen)

- Armbanduhren, Pilotenuhren,
- Schmuck und Kunstgegenstände aller Art (Gemälde, Skulpturen, Porzellanfiguren etc.),
- Alkoholika (insbesondere Rotwein, Whiskey, Cognac, Rum),
- Sammlermünzen (unabhängig vom Metallwert),
- Oldtimer-Fahrzeuge.

Exotische Sachanlagen gab es schon immer – ihre Bedeutung war jedoch gering. Es handelte sich überwiegend um Nischen, die von besonders Gutbetuchten (Sammeln von Kunst) oder aber Menschen mit großer Besitzliebe und Sammelleidenschaft (Münzen, Oldtimer) belegt wurden. Daran ist auch überhaupt nichts zu kritisieren. Denn es handelte sich dabei um Menschen, die sich meist mit »ihrer« konkreten Anlageklassen auskannten und denen regelmäßig die »emotionale Rendite« wichtiger war als die finanzielle.

Durch die Nullzinswelt und die damit einhergehenden Ängste vor Inflation oder gar einem Zusammenbruch der Eurozone hat sich die Situation geändert. Breite Anlegerkreise haben in den letzten Jahren mit der Umschichtung zinsloser Anlagen in »reale Werte« begonnen. Sie investieren vor allem in exotische Sachanlagen, also außerhalb der traditionellen Sachwertklassen Immobilien, Aktien und Gold/Edelmetalle. Reißerische Berichte und Erfolgsstorys, die der Finanzpornografie zuzurechnen sind, führten in den letzten Jahren zu einem regelrechten Hype um die Exoten, vor denen jedoch wegen der folgenden Nachteile zu warnen ist:

- Die Märkte für exotische Sachanlagen sind meist sehr eng. Folge ist, dass die Preisbildung schwer nachvollziehbar ist und die Spannen zwischen An- und Verkaufspreisen groß sind. Während z. B. die Spanne bei Standardaktien bei weniger als einem Zehntel Prozent liegt, kann sie bei einer exotischen Sachanlage durchaus 30 bis 40 % betragen. Und wenn dann noch die Mehrwertsteuer dazukommt ...
- Eine Anlage wird erst dann gut, wenn nicht nur der Kauf, sondern auch ein späterer Verkauf funktioniert. Oftmals erweisen sich exotische Sachanlagen jedoch im Bedarfsfalle als unverkäuflich. Wer denkt in der Krise schon an den Kauf von Porzellanfigürchen? Die schlechte Verkäuflichkeit bzw. Unverkäuflichkeit dürfte umso mehr für Modeanlagen gelten. Es

gilt die Börsenweisheit: Ist der Hype erst mal vorbei, wird die Anlage zu Blei.

- Das Wissensgefälle zwischen Profis und Privatanlegern ist bei den exotischen Marktsegmenten besonders ausgeprägt und folgenschwer. Ihr Risiko, über den Tisch gezogen zu werden, ist also besonders hoch.

Für die breite Masse privater Anleger taugen exotische Sachanlagen also eher nicht. Es gibt jedoch sicher Ausnahmen, wenn sich Anlageinteresse und Sammelleidenschaft mit fundierter langjähriger Sachkenntnis und gesundem Geschäftssinn paaren. Also keine hundertprozentige Ablehnung, sondern nur eine 95 %ige ...

Nr. 10: Mode- und Nischenprodukte

Geschlossene Fonds: Alternative Investmentfonds

Die juristisch korrekte Bezeichnung für geschlossene Fonds lautet »Alternative Investmentfonds«, kurz AIF. Bei einem AIF wird eine vorab festgelegte Menge von Anteilen an die Anleger veräußert. Hiermit wird ein definierter Kapitalbedarf für ein bestimmtes Vorhaben oder Projekt bereitgestellt. Ist der Kapitalbedarf gedeckt, wird der Fonds geschlossen. Ein Sekundärmarkt ist nicht vorgesehen. Das heißt, wenn ein Anleger seine Anteile veräußern möchte, muss er sich selbst auf die Suche nach einem Kaufinteressenten machen.

Der Erwerb geschlossener Fonds ist meist durch steuerliche Motive getrieben. Denn aus steuerlicher Sicht ist eine Investition in einen AIF keine Kapitalanlage, sondern eine unternehmerische Beteiligung. Dies hat zur Folge, dass Einkünfte und Verluste daraus nicht der Einkunftsart Kapitalvermögen zugerechnet werden. Aus diesem Grunde dürfen steuerliche Verluste aus ihnen nicht nur mit Erträgen aus Kapitaleinkünften, sondern auch mit allen anderen Einkunftsarten verrechnet werden – ein für steuerorientierte Anleger verlockendes Alleinstellungsmerkmal im Vergleich zu anderen Anlagen.

Typische Anlageobjekte von geschlossenen Fonds sind große Gewerbeimmobilien (wie z. B. Einkaufspassagen), Jojoba-Plantagen, Containerschiffe, Flugzeuge, Filmproduktionen und in den letzten Jahren vermehrt »grüne Anlagen«, also Projekte mit Nachhaltigkeitsanspruch.

Die grundsätzliche Warnung vor diesem Anlagevehikel kann kurz mit unangemessen hohen Kosten (30 % »weiche« Kosten sind keine Seltenheit), weitgehend fehlendem Anlegerschutz, Komplexität und hoher Intransparenz begründet werden. Das Verhältnis von Chancen und Risiken ist für den Anleger in den meisten Fällen extrem ungünstig. Und allzu häufig folgen den (geplanten) steuerlichen Verlusten unbeabsichtigte echte Verluste, bis hin zum Totalausfall. Auch die Stiftung Warentest beurteilt geschlossene Fonds nach eingehender Prüfung äußerst kritisch. Der starke Fokus auf steuerliche Vorteile hat schon viele Anleger in Verluste gestürzt.

Kryptowährungen

Eine Kryptowährung, wie beispielsweise der Bitcoin, ist rein digitales und von Privaten geschaffenes Geld. Es steht also in Konkurrenz zu den traditionellen Währungen, die von Regierungen bzw. Zentralbanken ausgegeben werden. In der jüngeren Vergangenheit wurden mehrere hundert Kryptowährungen ins Leben gerufen – die meisten davon sind jedoch bereits wieder verstorben oder bedeutungslos. Die Wertentwicklung und auch die Werthaltigkeit von Kryptowährungen sind fraglich und spekulativ. Deren Zukunft ist von vielerlei völlig undurchsichtigen – auch politischen – Faktoren abhängig. Vor diesem Hintergrund ist, auch wenn man Innovationen gegenüber stets offen sein sollte, dem Durchschnittsanleger von Anlagen in Kryptowährungen klar abzuraten. Sind Sie jedoch technikbegeistert und wollen Sie eine Kryptowährung nicht zum Horten von Werten oder zur Geldanlage, sondern als reines Zahlungsmittel nutzen (also beispielsweise, um Ihre Drogen- oder Waffenkäufe im Internet zu bezahlen), so ist dagegen nichts einzuwenden.

Sonstige (Schein-)Innovationen

Die Finanzdienstleistungsbranche möchte Geld verdienen. Das geht besonders gut mit scheinbar innovativen Produkten. Jede Woche wird daher eine »neue Sau durchs Dorf getrieben«. Verbraucherschützer und neutrale Marktbeobachter kommen oft kaum schnell genug mit der Einschätzung solcher (Schein-)Innovationen hinterher. Bis Strukturen und Spielregeln der neuen

Finanzkonstruktion einigermaßen klar sind, hat sich diese oftmals schon wieder erledigt. Auch wenn Sie Neuem gegenüber aufgeschlossen sind, sollten Sie wissen, dass das Verhältnis von Chancen und Risiken bei Finanzinnovationen meistens schlechter ist als bei bewährten Produkten. Auch wenn man im seltenen Einzelfall einer Finanzinnovation möglicherweise vielleicht zu einem gewissen Teil Unrecht tut … In der überwiegenden Mehrzahl der Fälle gilt die sogenannte Lindy-Regel: Je länger ein Produkt oder System existiert und funktioniert, desto höher ist die Wahrscheinlichkeit, dass es auch in Zukunft existieren und funktionieren wird.

Und so sollten Sie von neuen Produkten oder Konstruktionen wie Crowd-Investing, Crowd-Lending, Crowd-Funding aller Arten, Plattformen zur Vermittlung von »Peer-to-Peer/P2P-Krediten«, digitalen Immobilieninvestments, Mezzanine-Kapital (Nachrangdarlehen, partiarische Darlehen) eher Abstand nehmen. Oder zumindest einfach ein paar Jahre abwarten, ob es diese Erscheinungsform dann noch gibt.

Die Vorteile dieser defensiven Entscheidung: Sie müssen sich dann auch nicht mit den Details und ganzen Fachausdrücken beschäftigen und sparen gleichermaßen Zeit wie Nerven. Auch die steuerliche und rechtliche Behandlung der Konstrukte kann Ihnen egal sein. Es gibt einfache und gute Alternativen, die Sie in den folgenden Kapiteln kennenlernen.

Gute Produkte

Man könnte denken, dass es angesichts der Nullzinswelt überhaupt keine lohnenden Anlagemöglichkeiten mehr gibt. Seien Sie beruhigt und packen Sie Omas Sparstrumpf wieder in die Mottenkiste. Es existieren durchaus Anlage- und Vorsorgeprodukte, mit deren Hilfe Sie Ihr Geld vermehren können. Welche das sind und ob Sie zu Ihnen und Ihrer Lebenssituation passen, erfahren Sie im folgenden Kapitel.

Vorteilhaft versus bedarfsgerecht

In diesem Kapitel lernen Sie Anlagemöglichkeiten kennen, die im Hinblick auf ihre Merkmale grundsätzlich in Ordnung und fair sind.

Aber Achtung: Die Bewertung einer Finanzdienstleistung als »prinzipiell vorteilhaft« sagt noch lange nichts darüber aus, ob diese zu Ihnen und Ihren konkreten Bedürfnissen passt. Diese Passung muss stets *individuell* geprüft werden. Eine solche Prüfung erfordert entweder einen gut informierten und rational vorgehenden Kunden (mündiger Selbstentscheider) oder einen im Kundeninteresse handelnden (Honorar-)Berater, Sachverständigen oder »Finanzanwalt«. Die wichtigsten Beispiele zur Frage: »Was passt für welches Bedürfnis?« finden Sie mit Umsetzungshilfen in Kapitel »Die ›Vom Keller bis zum Dach‹-Strategie«. Außerdem bleibt zu prüfen, ob eine »prinzipiell vorteilhafte« Anlagemöglichkeit auch **im konkreten Fall preiswürdig und qualitativ ordentlich realisiert** wird. Beispielsweise lässt die grundsätzliche Empfehlung der Anlageklasse Immobilien noch keine Rückschlüsse über das Preis-Leistungsverhältnis eines konkreten Angebotes zu. Und auch die empfohlene Netto-Fondspolice kann unvorteilhaft werden, wenn Sie ein überhöhtes Beratungshonorar dafür bezahlen.

Hier folgen nun grundsätzlich empfehlenswerte Anlagemöglichkeiten.

Tagesgeld- und Festgeldkonten

Ein **Tagesgeldkonto** ist ein variabel verzinstes Konto, über dessen Guthaben Sie täglich in beliebiger Höhe verfügen können. Es dient ausschließlich der kurzfristigen Anlage finanzieller Reserven. Im Gegensatz zum Girokonto, mit dem Sie auch bargeldlose Überweisungen von und nach überallhin vornehmen können, können Sie vom Tagesgeldkonto meist nur an ein vorgegebenes Referenzkonto überweisen, so z. B. auf Ihr eigentliches Girokonto.

Ein **Festgeldkonto** ist ein festverzinsliches Konto, über dessen Guthaben Sie nur nach einer vorher festgelegten Laufzeit verfügen können.

Für beide gilt: In der Nullzinswelt werden Sie mit Tages- oder Festgeldkonten eine so geringe Rendite erzielen, dass Sie nicht einmal den Kaufkraftverlust (Inflation) kompensieren können. Trotzdem ist die Verwendung dieser Konten aus drei Gründen nützlich:

1. Sie bieten die Möglichkeit, Ihr Bargeld als Liquiditätsreserve **ohne das Risiko von Kursverlusten** zu parken.
2. Diese Liquiditätsreserve hält Sie **flexibel** und handlungsfähig. Sie ist sozusagen Ihr rasch und ohne zusätzliche Kosten verfügbarer Notgroschen für Unvorhergesehenes bzw. eine Parkstation für einen gewissen Zeitraum.
3. Durch die geringe Verzinsung gelingt Ihnen zumindest eine **Schadensminimierung** im Vergleich zu Girokonten oder der Bargeldhortung (beides zinslos).

Es kann jedoch gut passieren, dass sich die geringen Guthabenzinsen in naher Zukunft noch weiter verschlechtern, oder sogar, dass der Negativzins auch bei Ihnen als Endverbraucher ankommt. Wenn dies eintritt, ist guter Rat »Gold« wert. Und daher finden Sie in diesem Kapitel auch Informationen zu Gold – dem ältesten Geld der Welt.

Einsatzzweck Tagesgeldkonto

Je nach Anlagetyp und Einkommenssituation wird empfohlen, den Geldbedarf von drei bis sechs Monaten auf einem Tagesgeldkonto (auch Geldmarktkonto genannt) zu »parken«. Damit vermeiden Sie, dass negative Überraschungen wie eine Autoreparatur oder eine ungeplante Ersatzanschaffung zu teuren Überziehungen oder Ratenkrediten führen. Das Tagesgeldkonto selbst ist bei nahezu allen Banken kostenlos; die Renditen liegen im Herbst 2019 zwischen 0,1 und 0,4 %.

Einsatzzweck Festgeldkonto

Ein Festgeldkonto bietet geringfügig höhere Zinsen als ein Tagesgeldkonto und eignet sich für Liquiditätsreserven, die gemäß Ihrer Planung im Vergleich zu Tagesgeldern länger liegen sollen und deren Verwendungszeitpunkt Sie vorhersehen können.

BEISPIELE: DAFÜR EIGNET SICH EIN FESTGELDKONTO

Der vorher nicht kündbare Kredit kann erst in 15 Monaten getilgt werden – das Geld dafür steht Ihnen jedoch jetzt schon zur Verfügung. Oder: Das neue Auto wird erst in einem halben Jahr geliefert – die Kaufsumme, die dann fällig wird, haben Sie aber bereits jetzt schon angespart.

> Es ist sinnvoller, einen Teil Ihrer Finanzreserven auf Tages- bzw. Festgeldkonten zu lagern, jedoch den übrigen vollkommen in rentable Sachanlagen (insbesondere Aktien/ETFs) zu stecken, als das gesamte Kapital in einem Vehikel »gemischt« anzulegen. Insbesondere von den in Deutschland so beliebten Mischfonds (z.B. teils Aktien, teils Anleihen) ist abzuraten – sie sind im Verhältnis zur Empfehlung oben zu teuer und damit ineffizient.

Wie Sie empfehlenswerte Tagesgeld- bzw. Festgeldkontenangebote finden, lesen Sie in Kapitel »Praktische Umsetzungshilfen«.

Staatsanleihen außerhalb der Eurozone

Über die negativen Renditen von deutschen Bundesanleihen haben Sie bereits in Kapitel »Unvorteilhafte Produkte« gelesen. Vielleicht erinnern Sie sich auch noch an meine Empfehlung, diese Anlagemöglichkeit zu meiden. Der Erwerb von Euro-Staatsanleihen anderer EU-Länder mit scheinbar höheren Zinsen ist aber auch keine gute Idee. Denn in Wahrheit bieten diese EU-Staaten keinen höheren Zinssatz. Vielmehr ist es auch hier wieder nur eine Risikoprämie (also eine Art Versicherungsprämie) dafür, dass Sie bei Schwierigkeiten des betreffenden Eurolandes Ihr Geld nicht mehr zurückerhalten werden.

> Deutsche Staatsanleihen sind zwar erstklassig (= gute Bonität) – Sie als Anleger erhalten aber keine Rendite mehr dafür. Die Risikoprämien für Staatsanleihen anderer Euroländer bergen für Sie die im Vergleich zur Bundesrepublik Deutschland höhere Gefahr (= schlechtere Bonität), nämlich das größere Risiko, dass z. B. Italien, Spanien oder Portugal in den Staatsbankrott fallen.

Hingegen bestehen bei **erstklassigen** Staatsanleihen **außerhalb der Eurozone** einige Möglichkeiten, immerhin zwischen 1 % und 2 % Rendite p. a. zu erwirtschaften. Infrage kommen z. B. Staatsanleihen von **Norwegen, Schweden, Australien, Neuseeland, Kanada, Singapur oder den USA.** Falls Sie in meiner Aufzählung die Schweiz vermissen, so liegt das daran, dass die eidgenössischen Staatsanleihen eine noch traurigere Negativverzinsung erwirtschaften als die deutschen Bundesanleihen. Die Schweizer Staatsanleihen erfreuen sich nämlich einer noch größeren Nachfrage als die deutschen Staatsanleihen. Gerade diese Nachfrage ist es, die die Kurse nach oben treibt und damit zu noch tieferen Negativzinsen führt (gemeint ist: noch negativere Negativzinsen) als bei deutschen Bundesanleihen.

Währungsrisiko einmal anders gesehen

Viele Anleger in der Eurozone betrachten den Kauf von jeder Art von Anleihen in Fremdwährung – also jeder Währung, die nicht Euro ist – als Spekulation. Schließlich kann der Wechselkurs dieser Währung im Verhältnis zum Euro schwanken. Dieses Argument stimmt zwar – doch lassen Sie sich auf einen Perspektivenwechsel ein: Die meisten Deutschen erhalten Arbeitseinkommen, Renten, Pensionen und viele andere Zahlungen **in Euro.** Und sie haben viele Anlage- und Vorsorgeprodukte, deren Gegenwerte ebenfalls **auf Euro** lauten. Diese Menschen spekulieren oftmals, ohne es überhaupt zu wissen. Denn sie setzen alles auf eine einzige (Währungs)Karte. Nämlich auf die Zukunft der Eurozone und einen Fortbestand der Gemeinschaftswährung. Wäre es nicht viel weitsichtiger und letztlich risikoärmer, einen (kleinen) Teil der Reserven in sicheren Staatsanleihen von relativ gesunden Währungen außerhalb des Euro zu halten? Vergleicht man z. B. Australien und Italien beim Verhältnis Staatsverschuldung zu Bruttosozialprodukt, so steht Australien ungleich besser da. Überzeugt?

Die Umsetzung dieser Strategie ist recht einfach. Optimale Voraussetzung ist, dass Sie ein kostenarmes Wertpapierdepot besitzen – am besten bei einer Online-Bank. Wie Sie ein solches eröffnen, lesen Sie in der einfachen Schritt-für-Schritt-Anleitung in Kapitel »Online-Wertpapier-Depot eröffnen«.

Aktien, (passive) Aktien-ETFs, Indexfonds und ETF-Sparpläne

Aus etlichen sehr fundierten Studien und Forschungsarbeiten wissen wir heute, dass Aktien seit weit über 100 Jahren die mit Abstand rentabelste Anlageklasse sind. Selbst vor 15 oder 30 Jahren, als noch niemand an eine Nullzinswelt dachte, führte an Aktien als Teil eines Erfolg versprechenden Vermögensportfolios kein Weg vorbei. Und angesichts der aktuellen Null- und

Negativzinsen sind Aktien **für eine längerfristige Geldanlage oder Vorsorge absolut unverzichtbar.**

Aktien zeichnen sich zwar meist durch kurzfristige Kursschwankungen aus. Diese sind aber für einen langfristigen Anleger »eigentlich« irrelevant, da temporäre Kursverluste meistens binnen weniger Jahre wieder ausgeglichen sind. Und langfristig gesehen waren und sind Aktien stets steigend, wie die Abbildung zeigt.

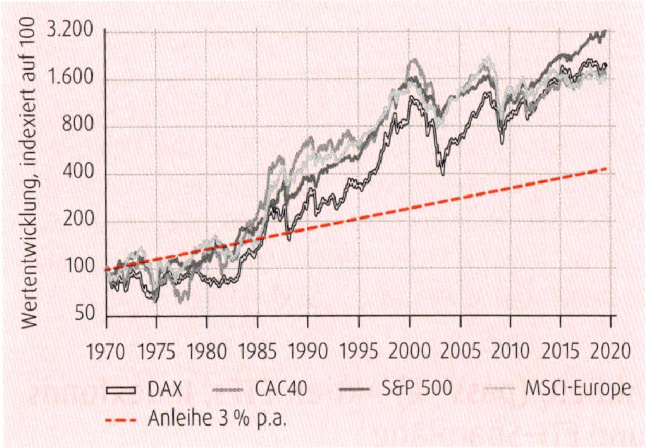

Entwicklung verschiedener Aktienindizes im Vergleich zu einer 3 %-igen Anlage

Doch die **Psyche** der meisten Privatanleger verträgt auch kurzfristige Verluste nur bedingt. Kursverluste, selbst wenn sie nur auf dem Papier stehen, und nicht durch Verkauf unter Einstandspreis (Kaufpreis) realisiert wurden, rufen beim durchschnittlichen Anleger Gefühle von Stress und Angst aus.

Durch Streuung, also Verteilung des Kapitaleinsatzes auf möglichst viele unterschiedliche Einzelaktien, lassen sich Kursschwankungen des **gesamten** Portfolios erheblich verringern. Sicher haben Sie hiervon schon unter dem Schlagwort »Diversifikationseffekt« gehört.

Passive Anlagestrategien mit (Aktien-) Indexinvestments

Jedoch können nur Anleger mit einem dicken Geldbeutel ihr Risiko durch **Streuung** auf viele Einzelaktien verteilen. Und vor einer Anlage in nur eine oder wenige Werte (in Deutschland allein schon wegen Mitarbeiteraktien häufig anzutreffen) ist wegen des Klumpenrisikos (das ist die Zusammenballung gleichartiger Risiken) klar abzuraten.

Für die Mehrzahl der Privatanleger empfiehlt sich daher die Nutzung von **Investmentfonds.** Die Gruppe aktiv investierender Fonds habe ich Ihnen bereits in Kapitel »Unvorteilhafte Produkte« vorgestellt. Meine Bewertung fiel dort kritisch aus, da die aktiv agierenden Fondsmanager beträchtliche Kosten verursachen, jedoch unter dem Strich langfristig keinen verlässlichen Mehrwert schaffen können.

Die empfehlenswerte Alternative zu **aktiven** Investmentfonds sind sogenannte passive Investmentfonds. Das sind Anlagevehikel, die ein passives, an einem Aktienindex orientiertes Investieren ermöglichen. Eine solche Vorgehensweise wird auch als Indexing bezeichnet. Die entsprechenden Instrumente sind »Indexfonds« sowie »börsengehandelte Indexfonds«. Letztere sind bekannt unter der englischsprachigen Bezeichnung »Exchange Traded Funds«, kurz **ETFs.** Um ganz präzise zu sein: Die folgenden Erläuterungen beziehen sich auf die am Markt dominierenden indexnahen ETFs. Es gibt eine kleine Nische von ETFs (geschätzter Marktanteil unter 1 %), die nicht an einem Index orientiert sind und zum Teil sogar sehr spekulative Ziele verfolgen. Auf diese gehe ich hier nicht weiter ein. Sie werden auch für den durchschnittlichen Privatanleger nicht empfohlen. Kommen wir nun aber zu den empfehlenswerten indexnahen ETFs.

Indexnahe ETFs

Indexnahe ETFs, auch Index-Tracker genannt, sind börsennotierte Sondervermögen, die dem Anleger versprechen, eine Wertentwicklung (Performance) zu liefern, die möglichst nahe an der Wertentwicklung des jeweils zugrunde gelegten Index liegt. Die Abweichungen zwischen ETF-Performance und Index-Performance werden als Tracking-Error bezeichnet und sollten möglichst gering sein.

Da der Gegenwert der Anlegergelder in ein treuhänderisch verwaltetes Sondervermögen eingebracht wird, sind diese nicht von einer Insolvenz des ETF-Anbieters oder dessen Mutterinstitut betroffen. Der ETF hat also – im Gegensatz zu Zertifikaten – kein Emittentenrisiko.

Exkurs: Kleine Indexkunde

Sowohl Aktien-Indexfonds als auch Aktien-ETFs orientieren sich meist an einem von spezialisierten **Indexanbietern** (z. B. Deutsche Börse AG, Dow Jones, STOXX, MSCI, FTSE, S&P ...) definierten Aktienkorb, der unter Anwendung klarer und öffentlich bekannter Regeln (z. B. Orientierung an Marktkapitalisierung, Börsenumsatz der jüngeren Vergangenheit, Region, Branche etc.) zusammengestellt wurde. Ein solcher Aktienkorb wird als **Index** bezeichnet. Für die Nutzung der Dienstleistung des Indexanbieters müssen die ETF-Anbieter eine Gebühr bezahlen. Um diese zu vermeiden, beginnen große ETF-Anbieter zunehmend, ihre eigenen Indizes zu »bauen«.

Einen Überblick ausgewählter Aktien-Indizes geben nachstehende Tabellen. Sie enthalten lediglich Indizes, die sich auf Länder, Wirtschaftsräume oder die gesamte Welt beziehen. Daneben gibt es eine Vielzahl von Indizes, die sich auf Branchen (z. B. Automobil, Energie, Logistik, Finanzen) oder Themen (z. B. Klimawandel, alternde Weltbevölkerung, Digitalisierung) usw. beziehen.

Aktienindizes Deutschland

Name	Anzahl Werte	Anmerkungen
DAX (präziser: DAX30)	30	Die Auswahl erfolgt nach den Kriterien Marktkapitalisierung sowie Börsenumsätze, wobei im DAX30 die größten (Large Cap), im MDAX die mittleren (Mid Cap) und im SDAX die relativ kleineren (Small Cap) Werte vertreten sind.
MDAX	60	
SDAX	70	
TecDAX	30	Enthält die größten Technologie-Werte Deutschlands, Parallelnotiz im DAX30 oder MDAX ist möglich

Aktienindizes Europa

Name	Anzahl Werte	Anmerkungen
EURO STOXX 50	50	Enthält größte Werte der Eurozone
STOXX Europe 50	50	Enthält größte europäische Werte, auch außerhalb der Eurozone
STOXX Europe 600	600	Enthält europäische Large-, Mid- und Small-Caps, auch außerhalb der Eurozone

Aktienindizes USA

Name	Anzahl Werte	Anmerkungen
S&P 500	500	Enthält größte Werte aus den USA
Dow Jones Industrial Average	30	Enthält größte Werte aus den USA
Nasdaq 100	100	Enthält größte US- und internationale Werte, die an der NASDAQ Stock Exchange börsennotiert sind und nicht zum Finanzsektor gehören

Aktienindizes Asien

Name	Anzahl Werte	Anmerkungen
Nikkei 225	225	Wichtigster japanischer Leitindex; enthält meistgehandelte japanische Aktien aus dem ersten Handelssegment der Börse Tokio
Hang Seng (HSI)	50	Wichtigster Leitindex der größten und liquidesten Blue Chip-Aktien, die an der Börse von Hongkong gelistet sind
CSI 300	300	Enthält größte und liquideste A-Aktien Festland-Chinas

Für Anleger höchst relevant: Kurs- versus Perfomance-Index

Alle genannten Indizes können entweder als Kurs-Index (Preisindex) oder als Performance-Index berechnet werden. Für die gesamte DAX-Familie werden Kurs- und Performance-Index parallel ermittelt. Während **Kurs-Indizes** lediglich die gewichteten Wertveränderungen des Index-Korbes angeben, werden in den **Performance-Index** zusätzlich die kumulierten Dividendenzahlungen sowie etwaige Bezugsrechte seit Index-Start mit einberechnet. Somit muss der Performance-Index stets einen Stand haben, der über dem Kurs-Index liegt. Beispiel für den bekannten DAX30 per September 2019:

- Stand Performance-Index: ca. 12.200 Indexpunkte
- Stand Kurs-Index: ca. 5.475 Indexpunkte

Gelassen bleiben

Die Anzahl von Aktienindizes hat in den letzten Jahren enorm zugenommen. Sogar Bracheninsider trauen sich selbst keinen Überblick mehr zu. Wenn Sie jedoch zu der ganz überwiegenden Mehrheit der Privatanleger gehören, die möglichst risikoarm und langfristig orientiert investieren möchte, können Sie gelassen bleiben und die ganzen Hypes, Modeerscheinungen und Spezialisierungen getrost ignorieren. Denn mit drei bis fünf ETFs auf ebenso wenige breite Indizes können Sie bereits optimal streuen.

Und wenn Sie es ganz bequem haben und nur in ein einziges Produkt anlegen wollen, ist auch dies gut möglich.

Ein Index ist nicht der Markt!

Bevorzugen Sie Indizes, die möglichst breit den relevanten Markt abdecken. Wenn Sie das nicht tun, seien Sie sich bewusst, dass Sie spekulieren. Sie glauben dann nämlich, durch bewusste Auswahl von Branchen oder Themen den gesamten Markt schlagen zu können.

So entscheiden Sie über den geeigneten Index

Im ersten Schritt dürfen Sie festlegen, welcher Index oder welche Indizes für Ihre Bedürfnisse am geeignetsten sind. Hierbei kommt es zunächst darauf an, ob Sie spekulativ oder risikominimal anlegen wollen.

Nicht empfohlen: spekulativer Ansatz

Sollten Sie eine ganz feste Marktmeinung haben, so können Sie natürlich einen Branchen- oder Themenindex wählen. Es gibt Branchenindizes für wirklich jeden Sektor – von Chemie über Automobil, über Nahrungs- und Genussmittel bis hin zu Banken und Versicherungen etc. Gleiches gilt für Themenindizes wie Wasser, künstliche Intelligenz, Klimawandel oder alternde Bevölkerung usw.

Sie sollten sich dann aber darüber bewusst sein, dass Sie darauf spekulieren, klüger als der gesamte Finanzmarkt zu sein. Es mag ja sein, dass die von Ihnen gewählte Branche besonders hohe Wachstumsraten aufweist. Jedoch ist dann wahrscheinlich auch der Indexstand bei Ihrem Kauf bereits recht hoch. Grundsätzlich gehen Sie mit einem Branchen- oder Themeninvestment ein höheres Risiko ein als mit einer maximalen Streuung. Dieses höhere Risiko wird vom Markt aber nicht durch eine höhere Risikoprämie vergütet, da Sie es ja mit einer branchenübergreifenden Anlage eigentlich nicht eingehen müssten.

Kurzum: Aus wissenschaftlicher Sicht ist vom spekulativen Ansatz abzuraten. Trotzdem viel Erfolg für Sie, falls Sie sich anders entscheiden – weil Sie vielleicht ja sogar einfach Freude an einem bisschen Zocken haben.

Empfohlen: risikominimierender Ansatz

Wenn Sie sich für eine Anlage in Aktien entschieden haben und Ihr Kursrisiko durch Streuung minimieren wollen, so bietet sich ein möglichst breit streuender Aktienindex an. Hinsichtlich der maximalen Streuung sollte er möglichst **keine Einschränkungen** machen – also nicht nur Großunternehmen, nicht nur Wachstumswerte, nicht nur bestimmte Branchen, nicht nur Dividendenkönige etc. berücksichtigen.

Unter dem Aspekt der maximalen Streuung sollte der Aktienindex zudem am besten **weltweit** investieren. Vermeiden Sie unbedingt den Denk- und Anlagefehler **»Heimatliebe«,** von Experten auch Home Bias genannt. Auch wenn Sie Aktiengesellschaften aus der näheren Umgebung oder dem eigenen Land am besten kennen: Das Investieren vor der eigenen Haustür erhöht das Risiko und senkt die langfristig erzielbare Rendite. Aus diesem Grund sind z.B. Investments mit Bindung an den DAX30 als alleinige Anlage sehr ungünstig. Selbst eine Verbindung von DAX30 mit MDAX und SDAX macht die Sache nicht viel besser.

> Kleiner Tipp zur Horizonterweiterung: Nehmen Sie eine Weltkarte zur Hand und kringeln Sie darauf Deutschland ein. Sehen Sie, was ich meine?

Auch **»Europaliebe«** engt Ihre Anlagemischung noch zu stark ein, weshalb die in der Tabelle oben genannten Indizes auf europäische Aktien ebenfalls nur als Beimischung, jedoch nicht als Basisinvestment taugen. Und mit den anderen kontinentalen Indizes ist es ebenso – Beispiele: Asien-Pazifik, Nordamerika, Osteuropa usw.

Falls Ihnen die vorgegebene Gewichtung von Ländern oder Kontinenten eines Welt-Index jedoch nicht ganz zusagt (z. B. empfinden viele dort den Anteil nordamerikanischer Aktien als zu hoch), können Sie durch eine Kombination aus wenigen (z. B. zwei, drei) Indizes Ihre **»Wunschmischung«** herstellen. Zum Beispiel noch ein wenig »Emerging Markets« oder noch ein bisschen »Afrika«.

Viel **bequemer** ist es für Sie jedoch – insbesondere, wenn Sie noch über wenig Erfahrung verfügen oder nicht viel Zeit investieren wollen –, einen der am breitesten weltweit streuenden Indizes zu wählen. Dann haben Sie sozusagen ein Abbild der gesamten globalen Aktienwelt mit einem einzigen Griff.

Die folgende Tabelle zeigt die wichtigsten und beliebtesten **Indizes mit breiter weltweiter Streuung.**

Aktienindizes Welt

Name des Index	Anzahl Werte	Anmerkungen
MSCI World	ca. 1.700	Enthält größte und liquideste Werte der entwickelten Industrieländer der Welt – Achtung: Schwellenländer fehlen
MSCI Emerging Markets	ca. 1.200	Enthält größte und liquideste Werte der Schwellenländer der Welt
S&P Global 1.200	1.200	Enthält größte Werte der Welt
FTSE All-World	ca. 3.900	Enthält große und mittelgroße Werte der Welt (entwickelte sowie Schwellenländer)
FTSE Emerging	ca. 1.750	Enthält größte Werte der Schwellenländer der Welt
MSCI ACWI All Cap	ca. 14.600	Enthält weltweite Werte aller Größenklassen (entwickelte sowie Schwellenländer)
MSCI ACWI Investable Market Index (IMI)	ca. 8.800	Enthält ebenfalls weltweite Werte aller Größenklassen (entwickelte sowie Schwellenländer)

Anleger verwechseln häufig ähnlich klingende Indizes, weil sie die Namen abkürzen und übersehen, dass sich hinter dem »Nachnamen« der Hinweis auf völlig unterschiedliche Aktienkörbe verbirgt. Es ist so, also ob die Begriffe »Operation« und »Obduktion« verwechselt würden. Klingt ähnlich – ist aber trotzdem etwas völlig anderes! So werde ich häufig gefragt, ob ich ein Investment auf den MSCI oder den FTSE gut finde. Beides sind aber nur Indexanbieter, die eine Vielzahl unterschiedlicher Einzelindizes (ganze Index-Familien) zur Verfügung stellen. Achten Sie unbedingt auf die exakte Indexbeschreibung.

Exkurs: Nachhaltigkeit bei Index-Anlagen

Viele Anleger möchten auch bei der Geldanlage Aspekte der Nachhaltigkeit und sozialen Verantwortung berücksichtigt wissen. Dies ist bei Kapitalanlagen vor der Haustür oder auch der direkten Beteiligung an Nachhaltigkeitsprojekten sicherlich möglich. Auch wenn hier gilt: **»Gut gemeint ist noch lange nicht gut gemacht«,** und eine Streuung des Kapitals schwerfällt sowie zusätzliche Risiken zu tragen sind.

Ob nachhaltiges Anlegen an den internationalen Kapitalmärkten einfach durch Investitionen in Nachhaltigkeitsfonds oder ETFs auf Nachhaltigkeitsindizes funktioniert, ist jedoch mehr als fraglich. Einerseits ist die Definition von Nachhaltigkeit sehr dehnbar und wird von unterschiedlichen Akteuren recht beliebig und frei interpretiert. **Greenwashing** – also das Einsammeln von Geldern wohlmeinender Anleger unter Zurschaustellung angeblicher Nachhaltigkeitsziele – ist leider allgegenwärtig. Andererseits gibt es Analysten und Manager von Investmentfonds, die gerade in die nicht nachhaltigen Unternehmen investieren, da diese eine etwas höhere Rendite versprechen. Damit wird der Gedanke des nachhaltigen Investierens ad absurdum geführt. Und es besteht die ernsthafte Gefahr, dass die Minderrendite der ethisch Investierenden einfach nur zur Mehrrendite der nicht nachhaltig Investierenden führt.

Auch wenn mir das ernüchternde Ergebnis selbst im Herzen wehtut: Konzentrieren Sie Ihre Nachhaltigkeitsanstrengungen vor allem auf Ihre Rolle als Konsument. Sie erreichen mit dem Kauf nachhaltiger Produkte viel mehr als mit (angeblich) nachhaltigen Kapitalanlagen. Wenn Sie jedoch von nachhaltigen Investments überzeugt sind, dann wählen Sie kapitalmarktferne Vehikel, d. h., beteiligen Sie sich direkt an Projekten. Mit der Anlage in Nachhaltigkeits-ETFs erzielen Sie nach heutigem Stand keinen nennenswerten »Impact«.

So arbeiten ETFs für Sie

Während nicht börsengehandelte Indexfonds sich großer Beliebtheit bei institutionellen Investoren (wie Pensionsfonds, Versicherungsunternehmen, Stiftungen usw.) erfreuen, stehen sie deutschen Privatanlegern in der Regel nicht als Direktanlage zur Verfügung. Private können die nicht börsengehandelten Indexfonds lediglich über Einkaufshelfer, wie z. B. Honoraranlageberater oder Honorar-Finanzanlageberater erwerben – was aber nur für diejenigen mit Beratungswunsch eine gute Lösung ist.

Nicht beratungsaffine Privatanleger haben die Qual der Wahl zwischen rund 1.800 ETFs (also börsengehandelten Indexfonds), die in Deutschland zum Vertrieb an Private zugelassen und über nahezu jede Online-Bank erhältlich sind.

Der Wettbewerb zwischen den ETF-Anbietern ist beinhart. Davon profitieren Sie als Privatanleger enorm. Die Produkte sind qualitativ in den Jahren noch besser geworden. Gleichzeitig sind die Kosten weiter gesunken. Sie liegen im Schnitt rund bei einem Zehntel der Kosten von traditionellen (also aktiven) Fonds.

Arbeitsteilung zugunsten des Privatanlegers

Drei Beteiligte teilen sich die Arbeit, wenn es um ETFs geht:

1. **Indexanbieter,** z. B. Deutsche Börse, Dow Jones, Standard & Poor's (S&P), FTSE, MSCI, STOXX.
2. **ETF-Anbieter,** z. B. Amundi, ComStage, iShares, Vanguard, Xtrackers.
3. **Depotbank:** Das ist in der Regel die Online-Bank oder der Online-Broker, bei dem Ihre ETFs schließlich gelagert werden, z. B. consorsbank,de, flatex,de, ing-diba.de, sbroker.de.

Wichtige Folge dieser Arbeitsteilung ist, dass Sie drei Entscheidungen völlig unabhängig voneinander treffen können. Nämlich

1. welchen Index Sie sich aussuchen,
2. für welchen ETF-Anbieter Sie sich entscheiden,
3. welche Depotbank Sie wählen.

Das ist ein enormer Vorteil für Sie: Denn früher bzw. mit der Wahl einer traditionellen Hausbankbeziehung wurde für Sie bereits vorentschieden, dass nur aktive und somit teure Investmentfonds der eigenen Institutsfamilie (z. B. DEKA-Fonds bei Sparkassen oder UNION-Produkte bei Volks- und Raiffeisenbanken) den Weg in Ihr Depot fanden. Oder ebenfalls aktive Fonds von ausgewählten Partnern, wobei die Wahl unter dem Gesichtspunkt maximaler Provisionsrückerstattung (= Kick-Backs) zugunsten der Bank, die Ihr Depot führte, stattfand. Heute haben Sie also viel mehr Wahlfreiheit.

In jüngerer Vergangenheit geben ETF-Anbieter auch Produkte auf selbst definierte Indizes heraus, um die Lizenzgebühr an den Indexanbieter einzusparen. Hierdurch wird die Wahlfreiheit der Kunden jedoch nicht eingeschränkt.

Wie Sie den für Sie geeigneten Index auswählen, haben Sie bereits oben erfahren. Wie Sie ganz einfach eine gute und preiswerte Depotbank finden, lesen Sie in Kapitel »Das passende Online-Depot finden« Fehlt nur noch die Bestimmung von passenden ETFs. Das steht in Kapitel »Einmalbeträge vorteilhaft investieren«.

Netto-Fondspolicen (ETF-Sparen im Versicherungsmantel)

Die Netto-Fondspolice ist ein nur selten vorkommendes Schwesterprodukt der in Kapitel »Unvorteilhafte Produkte« wegen ihrer hohen Kosten kritisierten Fondspolice (fondsgebundene Lebens- oder Rentenversicherung).

Warum ist die Netto-Fondspolice in Deutschland so selten? Ganz einfach, weil die hierzulande dominierenden Vertriebswege ganz überwiegend provisionsfinanziert sind und daher die FPVs von Banken und Versicherern Ihnen niemals ein provisionsfreies Produkt anbieten werden. Netto-Police bedeutet nämlich, dass in dem Produkt keine Vertriebs- oder Abschlusskosten enthalten sind. Erstklassige Netto-Policen sind über seriöse Honorarberater erhältlich (wie Sie einen solchen finden, lesen Sie in Kapitel »Nützliche Beratung finden«). Der ersparten Provision stehen also Honorarkosten gegenüber. Relativ vorteilhaft sind Netto-Policen jedoch nahezu immer, da das Beratungshonorar in der Regel erheblich geringer ist als die Abschlussprovision und spätere Folgeprovisionen. Außerdem ermöglichen die Netto-Policen regelmäßig auch erhebliche Ersparnisse bei den Verwaltungs- und Anlagekosten.

Definition der Netto-Fondspolice

Eine Netto-Fondspolice ist idealerweise ein Ansparprozess in einen kostengünstigen Indexfonds oder einen oder mehrere ETFs, der in einen Versicherungsmantel eingebettet wird.

Indexfonds oder ETF	+	Netto-Versicherungsmantel	=	Netto-Fondspolice

Das zentrale Motiv zum Abschluss einer Netto-Fondspolice liegt in möglichen Steuervorteilen. Denn der Versicherungsmantel erfüllt die rechtlichen Anforderungen des Alterseinkünftegesetzes, wodurch sich – stark vereinfacht gesagt – Steuern sparen lassen. Bei Auszahlung der Ablaufleistung nach einer Mindestlaufzeit von 12 Jahren und einem Endalter von mindestens 62 Jahren sind die Erträge zur Hälfte steuerfrei. Und lediglich die andere Hälfte wird mit dem dann gültigen Einkommensteuersatz des Versicherten belastet (Steuervorteil 1). Hinzu kommt, dass während der gesamten Vertragslaufzeit keine jährliche Kapitalertragsteuer (KESt) anfällt, sodass das unversteuerte Kapital mit jährlichem Zinseszinseffekt angelegt werden kann. Die

Verschiebung des Besteuerungszeitpunktes über die Zeitachse bewirkt einen weiteren – nicht zu unterschätzenden – Steuervorteil (Steuervorteil 2).

Wählen Sie nicht die einmalige Ablaufleistung (einmaliger Auszahlungsbetrag zum Ende der Laufzeit), sondern lassen Sie sich Ihr Geld als Rente auszahlen, so wird auch hier nur ein Teil – der sogenannte Ertragsanteil – steuerpflichtig (§ 22 Einkommensteuergesetz). Der Ertragsanteil hängt vom Alter bei Renteneintritt ab, und nur hierauf wird Ihr persönlicher Steuersatz angewendet.

Harte Fakten

Ob eine Netto-Fondspolice für Sie infrage kommt, hängt zunächst von harten Fakten ab, wie beispielsweise der Höhe des Beratungshonorars und der Kosten für den Versicherungsmantel sowie der Vertragslaufzeit. Und davon, ob Sie die Beitragszahlungen auch tatsächlich die ganze Zeit leisten können. Grundsätzlich ist die Netto-Fondspolice umso attraktiver, je länger sie (also der Sparvertrag mit dem Versicherungsmantel) läuft. Das sollten möglichst über die steuerliche Mindestfrist von 12 Jahren hinausgehende Zeiträume sein. Denn die Verschiebung des Besteuerungszeitpunktes ermöglicht die renditestarke Wiederanlage der während der Laufzeit ja unversteuerten Erträge – hier ergibt sich ein vorteilhafter Zinseszinseffekt, der umso stärker wird, je länger er wirken kann. Die Anbieter besonders preiswerter Netto-Fondspolicen rechnen überzeugend vor, dass bereits bei der Mindestlaufzeit von 12 Jahren die Steuerersparnis die Kosten des Versicherungsmantels übertrifft.

Weiche Argumente

Neben den harten Fakten sollten Sie jedoch auch prüfen, ob Sie das höhere Maß an Verbindlichkeit eines Versicherungsmantels als Nachteil oder als Vorteil erleben. Dieser Aspekt polarisiert selbst Fachleute. Die einen raten strikt vom Sparen im Versicherungsmantel ab und kritisieren den damit einhergehenden Flexibilitätsverlust. Die anderen loben jedoch gerade diese den Sparer disziplinierende Verbindlichkeit. Denn ein einfacher Sparplan ist schnell gekündigt und das Geld aus scheinbar gutem Anlass (tolle Urlaubsreise, schönes Auto) ausgegeben. Hingegen ist die Hemmschwelle zur Auflösung eines Versicherungsvertrages deutlich höher. Sie bewahrt so manchen davor, sein langfristiges Spar- und Vorsorgeziel leichtfertig aufzugeben.

Sie entscheiden!

Wenn die oben genannten harten Fakten bei Ihnen für ein Investieren im Versicherungsmantel sprechen und Sie zudem ein Typ sind, dem die disziplinierende Wirkung einer Police hilft, kann ich Ihnen guten Gewissens zu einer leistungsfähigen Netto-Police raten.

Für Ihren Anlageerfolg müssen erstens die Kosten des Versicherungsmantels gering und zweitens der Renditemotor leistungsfähig sein. Somit kommen als Renditemotor nur Indexfonds oder ETFs infrage. Da es leider viele zweit- und drittklassige Angebote auf dem Markt gibt, rate ich Ihnen hier, sich Unterstützung von einem einkaufsorientierten (Honorar)Berater zu holen. Das Honorar dafür lohnt allemal, denn Netto-Policen, die die oben genannten beiden Kriterien erfüllen, erbringen Ihnen gegenüber klassischen Fondspolicen regelmäßig einen Mehrwert im mittleren bis hohen fünfstelligen Bereich.

Gold

Auch wenn Gold nicht zu den Anlageklassen mit regelmäßigen Erträgen (wie Zinsen, Dividenden oder Mieteinnahmen) gehört, so ist es in der Nullzinswelt als Beimischung doch unverzichtbar.

> Die Frage ist also nicht, ob Sie einen Teil Ihrer Reserven in Gold vorhalten sollten, sondern lediglich, wie groß dieser ist.

Goldene Historie lässt hoffen

In Kürze die wichtigsten Argumente, die für den Goldbesitz sprechen: Gold ist sozusagen »Ur-Geld«. Man kann auch sagen, es ist die älteste Währung der Welt. Gold wird seit jeher gern gehortet. Es ist seit seiner »Entdeckung« vor rund 6.000 Jahren noch nie pleitegegangen und hat in dieser Zeit Tausende von Währungen kommen und gehen gesehen. Gold wird weltweit anerkannt und akzeptiert. Eine Anlageklasse mit so einer fulminanten Vergangenheit ist nach menschlichem Ermessen auch in einer Nullzinswelt **zukunftssicher.**

Weil Gold jahrtausendelang gehortet wurde und es obendrein zwar in z. B. Schmuck gebraucht, jedoch nicht verbraucht wird, hat es ein sehr hohes Stock-to-Flow-Verhältnis, also das Verhältnis zwischen dem durch Hortung gebildeten weltweiten Lagerbestand an Gold einerseits (= Bestandsgröße, Stock) und der jährlich durch Goldabbau hinzukommenden Goldmenge andererseits (= Flussgröße, Flow). Es liegt derzeit bei ca. 100 zu 1,5 – mit steigender Tendenz. Dieses hohe Stock-to-Flow-Verhältnis macht Gold besonders **inflationssicher.** Denn wenn die Goldnachfrage (z. B. wegen Inflation) steigt, kann sie nicht einfach durch Produktionsausweitung befriedigt werden. Selbst eine Kraftanstrengung zur Erhöhung der weltweiten Minenleistung um 20 % würde das Stock-to-Flow-Verhältnis nur minimal (nämlich von 100 zu 1,5 auf 100 zu 1,8) verändern. Also steigt bei erhöhter Nachfrage vor allem der Goldpreis – und nicht etwa die Angebotsmenge. Neue Goldfunde oder die Eröffnung weiterer Minen stellen also keine realistische Gefahr für den Goldpreis dar.

Goldquote

In der Ratgeberliteratur wird seit Jahrzehnten empfohlen, dass Private zwischen fünf und zehn Prozent ihrer Vermögensreserven (dazu gehört übrigens weder das Eigenheim noch das Auto) in Gold anlegen sollten. Angesichts der Nullzinswelt und steigender Verwerfungen im Euroraum wird aktuell die empfohlene Goldquote eher noch etwas angehoben. Letztlich hängt **die für Sie geeignete Goldquote** auch stark von Ihrem Risikoempfinden ab. Und davon, wie Ihr übriges Verhältnis von (inflationsgefährdetem) Geldvermögen zu (inflationsneutralem) Sachvermögen ist. Je stärker Sie ansonsten in inflationsgefährdetem Geldvermögen investiert sind, desto höher sollte Ihre Goldquote sein.

Eine anregende Übung eines Geldtrainers im Seminar:

Schritt 1: Notieren Sie auf einem Zettel, mit welcher prozentualen Wahrscheinlichkeit (0 – 100 %) die Eurozone Ihrer Meinung nach in den nächsten zehn Jahren zerbrechen wird.
Schritt 2: Schauen Sie auf den Zettel: Das ist Ihre individuell passende Goldquote.
Mein Kommentar dazu: Eine sehr vereinfachte Sichtweise, aber als Denkanstoß im Prinzip richtig, um Ihre Balance zwischen Risikoangst und Chancenorientierung zu finden.

Art des Golderwerbs

Sie können Gold sowohl **physisch** (Münzen, Barren, Nuggets, Goldstaub) als auch virtuell erwerben. Zu den **virtuellen** Möglichkeiten gehören Goldkonten, Goldsparpläne, Zertifikate und ähnliche Vehikel auf Gold (vgl. Warnhinweis gegen Zertifikate in Kapitel »Unvorteilhafte Produkte«, Nr. 7). Zudem gibt es Goldminenaktien und ETFs auf diese Aktien. Besondere Erwähnung verdienen die zwei **Sonderformen Euwax-Gold und Xetra-Gold,** bei denen Sie einen Auslieferungsanspruch auf physisches Gold erwerben. Sobald Sie diesen Anspruch geltend machen, wird aus der virtuellen Goldanlage eine reale. Gewinne aus gestiegenen Goldpreisen können Sie jedoch auch kassieren, indem Sie einfach den Auslieferungsanspruch zum höheren Preis weiterverkaufen.

Ob Sie Gold physisch oder virtuell erwerben oder vielleicht eine Mischung von beidem anstreben, hängt davon ab, ob Sie

- lediglich einen Stabilitätsanker in Ihrem Portfolio für den Fall von Inflation oder Kursrückgängen wünschen. Dann genügt virtuelles Gold vollkommen.
- eine »Notreserve« für den Fall einer grundlegenden Euro-Krise bzw. eines Zusammenbruchs unseres Finanzsystems suchen. Für diesen Fall ist physischer Goldbesitz unerlässlich. Denn dann gilt: »Wenn ich Angst vor einer Sturmflut habe, dann kaufe ich mir ein Rettungsboot und nicht etwa einen Anrechtsschein zum Bezug eines Rettungsbootes.«

Ausführlicher zum Thema Gold lesen Sie in meinem Buch »Einfach genial entscheiden in Geld- und Finanzfragen«.

Exkurs: Diamanten im Vergleich zu Gold

Diamanten weisen – abgesehen von Kryptowährungen auf einem kleinen USB-Stick – die höchste Wertdichte aller bislang existierenden Anlageklassen auf. Trotzdem haben Diamanten für das Gros der Privatanleger keine oder nur wenig Bedeutung.

Der wichtigste Grund hierfür besteht darin, dass es bei Diamanten eine Vielzahl unterschiedlicher Qualitäten und preisbestimmender Merkmale gibt (Färbung, Klarheit, Brechung, Fundort, Art des Schliffs und und und), während Gold einfach nur Gold ist. Bei Gold gibt es lediglich unterschiedliche Reinheitsgrade, die jedoch leicht prüfbar und in wenige Kategorien einzuteilen sind. Und das ist es auch schon. Folglich ist Gold für den Laien viel leichter einschätzbar als Diamanten. Das Risiko, bei Transaktionen übervorteilt oder geschädigt zu werden, ist bei Gold daher auch erheblich geringer. Undurchsichtige Marktstrukturen sowie die Dominanz einiger weniger »Player« am Diamantenmarkt bestärken dieses Urteil zusätzlich.

Silber und andere Edelmetalle außer Gold

Silber wird gerne als der »kleine Bruder« von Gold bezeichnet. Für manche Privatanleger ist es – wie in geringerem Umfang auch Platin, Palladium, Iridium und eine Reihe anderer Edelmetalle, die alle auf »-ium« enden – die Alternative zu Gold. Jedoch sollten Sie ein paar grundlegende Unterschiede kennen.

Erstens fällt beim Kauf aller Edelmetalle außer Gold die **Mehrwertsteuer** von 19 % an. Nur der Kauf von Gold ist mehrwertsteuerbefreit – warum auch immer.

Zweitens sollten Sie die höchst unterschiedliche **Wertdichte** verschiedener Edelmetalle bedenken. So lag die Gold-Silber-Ratio z. B. im Herbst 2019 bei knapp 90. Das heißt: Anstatt eines handlichen Kilobarren Gold (macht sich mit den Maßen 17 x 4 x 8 cm sehr hübsch als Briefbeschwerer auf Ihrem Schreibtisch), müssten Sie rund 90 Kilogramm Silber einlagern. Da kann es im Keller schnell eng werden. Nun können Sie vielleicht argumentieren, dass Sie das edle Metall ja auch nicht unbedingt in Ihrem Zuhause lagern müssen. Dann zahlen Sie aber – um im Beispiel zu bleiben – bei Silber 90fach höhere Lagerkosten (der Fachausdruck ist »Haltekosten« = Cost of Carry) als für den gleichen Wert in Gold.

Drittens: Hinsichtlich des oben erläuterten **Stock-to-Flow-Verhältnisses** fällt Silber ebenfalls deutlich hinter Gold zurück. Hier lautet die Kennziffer ca. 100 zu 20 – oder gekürzt: 5 zu 1. Sie erinnern sich, bei Gold lautet sie ca. 100 zu 1,5 – oder gekürzt: ca. 66 zu 1. Bereits die Silberproduktion von fünf Jahren könnte also – wenn man den Verbrauch unbeachtet lässt – die weltweiten Silbervorräte verdoppeln. Wohingegen der weltweite Anstieg der Goldproduktion keine nennenswerten Auswirkungen auf die vorhandene weltweite Goldmenge hätte. Eine im Vergleich zu Gold höhere **Preisunsicherheit bei Silber** ist die logische Folge.

Und viertens ist nur Gold ein Edelmetall, bei dem die Hortung und nicht der industrielle Bedarf überwiegt. Platin wird z. B. in der Medizintechnik und Palladium in der Automobilindustrie benötigt. Ein hoher Nachfrageanteil durch industriellen Bedarf macht die Preisentwicklung eines Edelmetalls jedoch sehr konjunktursensibel. Denn wenn beispielsweise die Automobilindustrie nicht mehr brummt, sinken die Nachfrage nach Palladium und damit der durch den industriellen Bedarf beeinflusste Preis für Palladium. Doch genau für diesen Konjunktureinbruch und den einhergehenden Aktienrückgang wollten Sie ja Edelmetalle gerade als Gegengewicht in Ihrem Portfolio haben. Diese Konjunkturempfindlichkeit gibt es bei Gold erfreulicherweise nicht.

Eher kritisch: Industriemetalle und Rohstoffe

Lassen Sie uns auch noch einen Blick werfen auf Metalle, die keine Edelmetalle sind, sowie Rohstoffe. Letztere werden in nicht nachwachsende (z. B. Kali, Sand, Erdöl, Erdgas, Kohle) und nachwachsende (z. B. Wald, Nahrungsmittel wie Soja, Weizen und Rinder) unterschieden.

Investitionsmöglichkeiten in Industriemetalle und Rohstoffe werden häufig in einen engen Zusammenhang mit Gold oder sonstigen Edelmetallen gestellt. Häufig ist zu lesen: Wenn Gold steigt, dann steigen auch Industriemetalle und Rohstoffe. Doch diese Gleichung ist zu simpel. Sie geht bestenfalls bei glücklichen Zufällen auf. Hier ist also Vorsicht angebracht. Die »Spielregeln« der Marktpreisentwicklung sind bei jedem Industriemetall und jedem Rohstoff höchst individuell und für den Privaten undurchschaubar. Auch die Lektüre von ein paar Ratgeberbüchern wird Ihnen hier nicht weiterhelfen. Die ethische Problematik von Investitionen in nachwachsende Rohstoffe (»Mit Nahrung spekuliert man nicht!«) sei nur am Rande erwähnt.

Leider gibt es jedoch vor allem beim Thema Rohstoffinvestments besonders viel Finanzpornografie mit Goldgräber-Erfolgsgeschichten und unzähligen – zwar plausiblen, jedoch trotzdem unzutreffenden – Begründungen, weshalb die Nachfrage nach einem bestimmten Rohstoff gerade sinkt oder bald fulminant steigen wird. Wie gesagt: alles Finanzpornografie.

Die Wertdichte von Industriemetallen und Rohstoffen ist im Vergleich zu Gold oder Silber nochmals erheblich niedriger. Dies führt dazu, dass den Haltekosten (Cost of Carry), die in irgendeiner Form in die Rohstoffinvestition einkalkuliert werden müssen, eine noch größere Bedeutung zukommt. Und hohe Haltekosten wirken wie Gegenwind beim Fahrradfahren.

Zusammenfassend lassen sich folgende Schlussfolgerungen ziehen:

- Natürlich sind mit Investitionen in Industriemetalle und Rohstoffe Gewinne möglich.
- Die Chancen sinken jedoch mit abnehmender Wertdichte und mit abnehmendem Stock-to-Flow-Verhältnis.
- Und je größer die industrielle Nachfrage nach einem Rohstoff ist, desto enger hängt dessen Preisentwicklung am Konjunkturzyklus und steht im Gleichklang mit dem Wirtschaftswachstum – was ihn zum Zweck des Risikoausgleichs in Ihrem Portfolio unattraktiv macht.

Wenn Sie diese Aspekte vor Augen haben, erzeugt die folgende Tabelle ein klares Bild.

	Gold	Silber	Kupfer
Preis des Kilobarrens in Euro Stand 2019	44.000	500	40
Wertverhältnis (Bezugspunkt Gold)	1	1/88	1/1.100
Stock-to-Flow-Verhältnis	66 zu 1	5 zu 1	0,08 /1
Anteil des (industriellen) Verbrauchs im Verhältnis zur Hortung	gering	mittel	hoch

Immobilien – selbstgenutzt oder vermietet

Immobilien – im Volksmund auch liebevoll Betongold genannt – sind der vorläufige Star der Nullzinswelt. Dies hat zwei Gründe: Psycho-logisch gesehen befriedigen Immobilien in einer Welt zunehmender Virtualisierung das tiefe menschliche Bedürfnis nach Realem und Anfassbarem.

Ökonomisch gesehen ermöglichen sie

- bei ihrer Fremdüberlassung (z. B. Vermietung, Verpachtung) langfristig kalkulierbare Erträge (z. B. Mieteinnahmen).
- im Fall der Selbstnutzung ebenso langfristige Einsparungen (ersparte Mietzahlungen).

Und der Gegenwartswert (= Barwert, Ertragswert) dieser Erträge oder Einsparungen steigt bei sinkenden oder nicht existierenden Marktzinsen enorm. Anders ausgedrückt: Je niedriger die Kapitalmarktzinsen sind, desto höher ist der ökonomisch

»richtige« Wert von Immobilien. Aus dem in Kapitel »Null- und Negativzinswelt« in der Tabelle gezeigten Einführungsbeispiel ersehen Sie den Zusammenhang zwischen jeweiligem Marktzinssatz einerseits und dem – rein finanziellen – Gegenwartswert einer Immobilie andererseits. Dabei ist es (in einer Betrachtung vor Steuern) völlig irrelevant, ob der zugrunde gelegte Betrag durch Vermietung vereinnahmt wird oder im Fall der Selbstnutzung als ersparte Mietzahlungen wirkt. Fakt ist: Der heutige Wert der kumulierten Mieterträge oder -ersparnisse nimmt mit sinkenden Zinssätzen enorm zu – herzliche Grüße aus der Nullzinswelt.

Bedeutung von Immobilien als Anlageklasse

Die folgenden Überlegungen beziehen sich auf die **Direktanlage in Immobilien,** also den Kauf von ganzen Objekten oder Eigentumswohnungen. Daneben ist auch der indirekte Immobilienerwerb denkbar, worunter man unterschiedlichste Anlagevehikel im Immobiliensektor zählt. Mehr dazu lesen Sie im Exkurs am Ende dieses Kapitels und in Kapitel »Unvorteilhafte Produkte«, Nr. 8.

Die erste wichtige Unterscheidung besteht in der Frage, ob Sie die Immobilie selbst bewohnen (eigen- oder auch selbstgenutzte Immobilie genannt) oder diese einem Dritten zur Verfügung stellen (fremdgenutzte Immobilie genannt). Die **selbstgenutzte** Immobilie ist als **Konsumgut** anzusehen. Denn – nüchtern betrachtet – konsumieren wir Wohnraum genauso wie

Essen oder Kleidung. Am Konsumcharakter der selbstgenutzten Immobilie ändert sich auch dadurch nichts, dass diese im Vergleich zu anderen Konsumgütern sehr langlebig ist. Auch langfristiger Konsum ist Konsum, basta. Wird eine Immobilie jedoch **fremdgenutzt,** so ist sie **ein Investitionsgut.** Das ist ein sehr relevanter Unterschied, wie Sie noch sehen werden.

Jeder von uns möchte privat – gemietet oder gekauft – ein Dach über dem Kopf haben **(Wohnimmobilie).** Und auch für Produktionsprozesse, Lagerung, öffentliche und private Verwaltung, den Handel, die Gesundheitsindustrie und vieles mehr ist es zweckmäßig, nicht unter freiem Himmel agieren zu **müssen (Gewerbeimmobilie).** Daher sind Immobilien von der Masse und dem Wertvolumen her betrachtet weltweit die mit Abstand wichtigste Anlageklasse. Aktien und Anleihen beispielsweise folgen mit beträchtlichem Abstand dazu. Jedoch sind Immobilien im Durchschnitt und von Ausnahmen abgesehen nicht unbedingt die rentabelste Anlageklasse.

Sechs Besonderheiten jedes Immobilieninvestments

Wenn Sie ein Immobilieninvestment – gleich welcher Art – in Betracht ziehen, sollten Sie sich folgender Merkmale bewusst sein. Vielleicht empfinden Sie den einen oder anderen Aspekt als Selbstverständlichkeit. Jedoch erleben viele Privatanleger große Enttäuschungen, einfach weil sie einen oder mehrere dieser Punkte bei Immobilienanlagen übersehen.

Erhebliche Erwerbsnebenkosten

Es gibt keine relevante Anlageklasse, bei der die Anschaffung zu ähnlich hohen Nebenkosten führt wie bei Immobilien. Je nachdem, ob Sie einen Makler benötigen und zur Finanzierung noch Grundschulden oder Hypotheken notariell eingetragen werden müssen, können Nebenkosten von über 10 % des eigentlichen Kaufpreises anfallen. Allein die Grunderwerbsteuer kann – je nach Bundesland – bereits bis zu 6,5 % des Kaufpreises ausmachen.

Lange Investitionszeiträume erforderlich

Schon allein wegen der oben genannten hohen Transaktionskosten, jedoch auch wegen des aufwendigen Kauf-/Verkaufsprozederes (Notar, Eintragung ins Grundbuch usw.) sind Immobilienanlagen relativ unflexibel. Kurze Anlagezeiträume verbieten sich daher von selbst. Die hohen Erwerbsnebenkosten, die den Charakter »versunkener Kosten« haben, lassen sich nur über längere Zeiträume amortisieren. Zudem ist der Immobilienmarkt vergleichsweise illiquide, d.h., sowohl die Suche nach einem passenden Kaufobjekt als auch die Suche nach dem richtigen Käufer bei einem geplanten Verkauf kann sich – je nach konkreter Marktlage – gut über ein Jahr lang hinziehen. Das ist alles kein Beinbruch, Sie sollten sich dessen lediglich bewusst sein.

Übrigens: Gerade die Illiquidität von Immobilien führt zum trügerischen Gefühl der Wertstabilität. Die Kursschwankungen von Aktien können Sie täglich in der Zeitung verfolgen. Bei Immobilien bleibt Ihnen das »erspart«. Bereits die Inflation führt bei langen Investitionszeiträumen dazu, dass Ihr Verkaufspreis meist über dem einstigen Kaufpreis liegt. Dies allein ist jedoch noch lange kein Hinweis darauf, dass Ihre Immobilienanlage vorteilhaft war. Fachleute sind sich einig, dass der Durchschnittsanleger die Attraktivität von Immobilieninvestments überschätzt und deren Risiken unterschätzt.

Immobilität im wahrsten Sinne

Die aus der Ortsgebundenheit von Immobilien resultierenden Risiken werden bereits im Wort »Immobilie« deutlich. Jedoch werden sie gerne übersehen oder verdrängt. Verschlechtert sich die Umgebungsqualität Ihrer Immobilie (z. B. wegen des Baus einer Schnellstraße in unmittelbarer Nähe), so können Sie sie nicht einfach verschieben. Ebenso trifft Sie ein möglicher Niedergang des regionalen Wirtschaftsraums (hohe Arbeitslosigkeit, Wegzug vieler Leute), der Ihre Immobilie entwertet. Stand 2019 gibt es gemäß Analyse des Innenministeriums in Deutschland *per Saldo* keinen Wohnungsmangel. Dies überrascht nur auf den ersten Blick. Denn den Hotspots Hamburg, Berlin, Düsseldorf, Köln, Frankfurt a. M., Stuttgart und München stehen eben viele leerstehende Immobilien in den neuen Bundesländern sowie in ländlichen Regionen gegenüber. Ein starker Umkehrtrend zur augenblicklichen Landflucht kann in wenigen Jahren auch wieder zu einem völligen Umkippen der Situation führen. Denken Sie z. B. an folgendes Szenario: Nach dem Ausbau eines flächendeckenden schnellen Internets und der Zunahme von Homeoffices, Feinstaub- und Nachhaltigkeitsdiskussionen und Pendelmüdigkeit entdecken die Deutschen plötzlich wieder den Charme des ländlichen Wohnens inmitten der Natur und mit eigenem Gemüseanbau. Keineswegs ein undenkbares Szenario.

Schließlich führt auch Ihre eigene Mobilität zu (Neben-)Kosten von Immobilieninvestments, die Sie bei anderen Anlageklassen nicht hätten. Müssen Sie z. B. aus beruflichen Gründen wegziehen, so wird die Betreuung Ihrer Immobilie umständlicher (notwendige Fahrten) oder teurer (kostenpflichtige Einschaltung einer Immobilienverwaltung). Ihr Wertpapierdepot und Ihre Goldmünzen nehmen Sie stattdessen einfach mit.

Abnutzung, Abschreibung, Wertverlust beachten

Auch wenn Immobilien – insbesondere Wohnimmobilien – eine lange Lebenserwartung haben, unendlich ist sie nicht. Und gerade modernere Bauten sind nicht auf die Ewigkeit ausgelegt. Bei Gewerbeimmobilien wird die Nutzungszeit durch unterschiedliche Faktoren meist noch rascher begrenzt. Denken Sie z. B. an physische Belastungen wie Erschütterungen bei Produktionshallen oder Unmodernwerden bei einem Einkaufcenter. Und wenn das deutsche Steuerrecht bei Wohnbauten eine Abschreibung von 2 % p. a. erlaubt (ohne Grundstücksanteil), so ist das ein klares Indiz dafür, dass auch hier Verschleiß und Alterungsprozesse zu Wertminderungen führen. Privatanlegern ist dieser Sachverhalt häufig nicht bewusst, zumal die abnutzungsbedingte Wertminderung – oberflächlich gesehen – durch die Inflationsrate verringert oder sogar mehr als ausgeglichen (überkompensiert) wird. Das ist jedoch unbewusste Augenwischerei. Sie sollten lieber vergleichen, wie viele Kilo Kartoffeln Sie beim Kauf bezahlt haben und wie viele Sie beim Verkauf zurückerhalten hätten. Oder was Ihre Tageszeitung damals gekostet hat und sie heute kostet.

Achtung: Klumpenrisiko

Durch Aufteilung Ihres Vermögens auf unterschiedliche Anlageklassen einerseits und unterschiedliche Anlageobjekte innerhalb jeder Anlageklasse andererseits, können Sie Ihr Risiko senken. Aufgrund der vergleichsweise hohen Beträge, die für jedes einzelne Immobilieninvestment anfallen, wird dies für die meisten privaten Anleger jedoch schwierig. Steckt nun ein (zu) hoher Betrag Ihrer gesamten Reserven in nur einer Anlageklasse oder – schlimmer – in nur einem einzigen Objekt, so bezeichnet man dies als Klumpenrisiko. Klumpenrisiken sind schon von sich aus negativ. Wenn Sie solch ein Klumpenrisiko zusätzlich noch mit (hohen) Fremdmitteln (Immobilienkredit) finanzieren, wird es durch den Verschuldungshebel noch schlimmer.

Unbewusste Wette gegen steigende Zinsen

Ist Ihnen klar, dass jedes Immobilieninvestment faktisch eine Wette gegen steigende Zinsen darstellt? Und zwar gleich in mehrerlei Hinsicht? Offensichtlich und meist bekannt ist, dass nach Ende der Zinsbindungsfrist die Kosten für eine Anschlussfinanzierung steigen können. Dies wird als absolutes Zinsänderungsrisiko bezeichnet. Und ausgehend vom derzeitigen Zinsniveau (Nullzinswelt) sind steigende Zinssätze zumindest mittel- bis langfristig durchaus wahrscheinlich.

Doch auch wenn Sie eine langfristige Zinsfestschreibung für Ihren Immobilienkredit besitzen, bleibt ein Zinsänderungsrisiko. Und zwar sogar dann, wenn Sie Ihre Finanzierung bis zum Ende der Zinsbindung vollständig zurückgezahlt haben. Oder, wenn Sie von Anfang an den Kaufpreis aus Eigenmitteln bestritten und überhaupt keine Fremdmittel eingesetzt haben. Dieser – gern übersehene – Effekt heißt **relatives Zinsänderungsrisiko.** Der Zusammenhang in Kürze: Sollte der Ausstieg aus der Niedrigzinswelt gelingen und damit die Rückkehr zur »historischen Normalität« mit langfristigen Finanzierungszinsen zwischen 6 % und 8 % p. a. funktionieren, so fällt der ökonomische Wert (Ertragswert) von Immobilien in sich zusammen. Lesen Sie bitte die Tabelle in Kapitel »Null- und Negativzinswelt« zum Verständnis nochmals. Und zwar rückwärts – also von unten nach oben. Der erläuterte Effekt der Aufblähung von Vermögenspreisen bei sinkenden Zinsen wird sich bei steigenden Zinssätzen zwangsläufig umkehren. Und dies trifft Vermögenswerte umso härter, je langfristiger die durch sie ausgelösten Zahlungsströme sind. Folglich sind Immobilien aufgrund ihrer langen Nutzungsdauer hier am stärksten gefährdet.

Seit dem Zweiten Weltkrieg haben sich die Immobilienpreise über lange Phasen kaum stärker als die Inflation entwickelt. Erst durch die Phase langanhaltend sinkender Zinsen und in der aktuellen Nullzinswelt kam und kommt es regional zu einem starken Preisauftrieb.

Warum vermietete Immobilien steuerlich nicht unbedingt vorteilhaft sind

Vordergründig plausibel, jedoch trotzdem falsch ist die häufig anzutreffende Meinung, dass fremdgenutzte Immobilien aus steuerlicher Sicht stets vorteilhafter seien als selbstgenutzte Immobilien. Diese Fehleinschätzung führt – entgegen allem Bauchgefühl und emotionalen Überlegungen – dazu, dass es »Steuersparfüchse« gibt, die selbst zur Miete wohnen, jedoch gleichzeitig Vermieter einer oder mehrerer Immobilien sind.

Eine Gegenüberstellung zwischen dem **Steuersparfuchs (SSF)** und dem **Eigenheimfan (EHF)** macht den weit verbreiteten Denkfehler deutlich:

- **SSF** kann bei seiner fremdgenutzten Immobilie sowohl Zinsen als auch Abschreibung (AfA) steuerlich geltend machen. Dieser Vorteil des SSF sinkt jedoch im Zeitablauf. Allein durch die Inflation kommt es wohl zu nominellen Mietsteigerungen, während die Abschreibung auf den historischen Kaufpreis konstant bleibt. Damit steigt die Steuerlast für SSF. Gleichzeitig soll die vermietete Immobilie meist entschuldet werden. Dies ist typisch und kommt regelmäßig vor. So will auch SSF im Alter eine unbelastete Immobilie mit Mieterträgen haben. Das von ihm verwendete Annuitätendarlehen nutzt die sinkenden Zinsen zur Erhöhung der Tilgung, während die monatliche Gesamtbelastung konstant bleibt. Jedoch sind nicht die Annuitäten, sondern lediglich die darin enthaltenen Zinszahlungen steuerlich abzugsfähig. Durch die

Verringerung der Zinslast steigt über die Zeit zusätzlich die Steuerlast des SSF.

- **EHF** erlebt die exakt umgekehrte steuerliche Entwicklung. Zwar hat EHF keine Abschreibungsmöglichkeiten. Er kann auch seine Fremdkapitalzinsen nicht absetzen. Aber im Laufe der Zeit sinken seine Zinszahlungen durch Tilgungen ohnehin. Und die Inflation wird zu einem guten Freund von EHF. Während nämlich die – von SSF aus dessen versteuertem Einkommen zu bezahlenden – Mieten ansteigen, freut sich EHF darüber, dass seine ersparten Mieten – schließlich wohnt er ja im Eigentum – in der Bundesrepublik nicht zu versteuern sind.

Kurzum: Der anfängliche Steuervorteil von SSF kehrt sich über die Zeit in einen Nachteil um. Je länger der Betrachtungshorizont ist und je stärker die Mieten steigen, desto größer wird dieser Nachteil.

Das nur am Rande: Es gibt legale, aber in der Nullzinswelt regelmäßig unvorteilhafte Möglichkeiten für SSF, sich die volle Zinslast über die Zeit zu erhalten und statt der Tilgungszahlungen in ein anderes Anlagevehikel (meist Lebens- oder Rentenversicherung) anzusparen. Solche **Tilgungsaussetzungsmodelle** sind für die Anbieter sehr lukrativ. Für Kunden entpuppten sie sich meist als enttäuschend bis desaströs. Mehr dazu lesen Sie in meinem Blog www.schließlich-ist-es-Ihr-Geld.de/Finanzblog, Suchwort: Tilgungsaussetzung.

Wohn- oder Gewerbeimmobilien vermieten?

Je nach Art der Nutzung kann man die an Dritte überlassenen Immobilien in Wohn- und Gewerbeimmobilien unterscheiden. Die beiden Nutzungsarten sind sowohl unterschiedlich rentabel als auch unterschiedlich risikoreich. Und auch die gesetzlichen Rahmenbedingungen weichen voneinander ab.

Für die Vermietung von Wohnraum gelten eine Vielzahl von gesetzlichen Spielregeln (Mieterschutzbestimmungen, wie Einschränkung von Kündigungsrechten, Mieterhöhungsgrenzen, Befristungsverbote, Mietpreisbremse usw.). Hingegen ist der Vermietungsmarkt für Gewerbeimmobilien erheblich liberaler, was für beide Parteien höhere Flexibilität, aber auch höhere unternehmerische Risiken mit sich bringt. Die zum Teil erheblich höheren Kaltmiete-Renditen von Gewerbeimmobilien (über 10 % des investierten Kapitals sind nicht unüblich) enthalten nämlich eine erhebliche Risikoprämie. Schon allein deswegen, weil bei der gewerblichen Nutzung eine Anschlussvermietung oftmals nicht so ohne weiteres möglich ist wie bei einer Wohnimmobilie.

Zudem erfordern Gewerbeimmobilien meist schon aufgrund ihrer schieren Größe die Bündelung der Mittel mehrerer Anleger, sodass eine zusätzliche rechtliche Hülle (z. B. Gesellschaft bürgerlichen Rechts, GbR) für das Investment geschaffen werden muss.

Aus diesen Gründen entscheiden sich die meisten privaten Anleger denn auch für die Vermietung von Wohnimmobilien. Daher beschränken sich meine Ausführungen im Folgenden auf Immobilien dieses Typs.

Fremdgenutzte Wohnimmobilie

Immobilien sind nicht nur eine Geldanlage, sie können auch Zeit und Nerven kosten, vor allem, wenn sie sie vermieten. Auch darüber sollten Sie sich klarwerden – und zwar, bevor Sie investieren.

Liegt Ihnen die Vermieterrolle?

Sind Sie der geborene Vermieter? Machen Sie den Check mit folgender Tabelle. Kreuzen Sie an, welche Aussagen Sie mit »Stimmt!« versehen können.

Der Vermieter-Check

- Sie wohnen selbst bereits im Eigentum.
- Kleinere Handwerkerarbeiten erledigen Sie gerne selbst.
- Sie verfügen über ein gutes Netzwerk zu Handwerkern, die zuverlässig sind und faire Preise berechnen.
- Es macht Ihnen nichts aus, wenn ein Mieter Sie gelegentlich wegen kleiner Probleme kontaktiert und um Hilfe bittet (z. B. weil der Nachbar seinen Stellplatz blockiert oder dessen Hund nachts bellt oder die Heizung tropft).
- Die mit einer vermieteten Wohnung verbundenen Schreib- und Verwaltungsarbeiten (Nebenkostenabrechnung, Anlage V der Steuererklärung, Eigentümerversammlung etc.) sind mehr Lust als Frust für Sie.

Der Vermieter-Check

- Die Unternehmerrolle liegt Ihnen, und möglicherweise auftretende Konflikte zwischen Profitabilität und sozialen Aspekten (z. B. wenn Ihr Mieter arbeitslos wird, jedoch eine Mieterhöhung ansteht), belasten Sie nicht.
- Konflikte mit Mietern (Mietausfall, Mietnomaden, etc.) bringen Sie nicht aus der inneren Ruhe.

Je mehr Kreuzchen Sie setzen konnten, desto eher werden Sie mit einer vermieteten Immobilie zufrieden sein.

Preiswürdigkeit von Wohnimmobilien prüfen

Es gilt der Grundsatz, dass es nicht Ihr Ziel sein darf, gute Immobilien zu kaufen, sondern Immobilien gut zu kaufen. Eine Orientierung über den angemessenen Preis können sowohl die Substanz **(Substanzwert)** also auch die künftigen Erlöse aus der Nutzung der Immobilie (ersparte Miete bei Selbstnutzung oder erzielte Miete bei Fremdnutzung = **Ertragswert**) bieten.

Dabei ist der Ertragswert der erheblich wichtigere Anhaltspunkt. Denn was nützt Ihnen der hohe Substanzwert einer Immobilie, wenn niemand diese mehr nutzen will (z. B. weil eine Autobahn in unmittelbarer Nähe errichtet wurde)?

Üblich ist die Errechnung von Multiplikatoren zwischen Erwerbskosten und erzielbarer jährlicher Nettokaltmiete. Wenn ein vermietetes Mehrfamilienhaus eine Nettokaltmiete von 30.000 Euro p. a. erbringt und für 450.000 Euro den Eigentümer wechselt, so hat dieser einen Multiplikator von 15 bezahlt, was in der Nullzinswelt als sehr preiswert gilt, aber in strukturschwachen Regionen mit zurückkehrenden Wölfen durchaus realistisch ist. In einem sogenannten Hotspot kann hingegen eine Nettokaltmiete von 30.000 Euro durchaus zu einem Verkaufspreis von 1.140.000 Euro und somit einem Multiplikator von 38 führen.

Irrtümer beim Kauf fremdgenutzter Immobilien

- Eine Immobilie, in die ich nicht selbst einziehen würde, kaufe ich auch nicht zum Vermieten.
- Je höher die erzielbare Mietrendite auf den Kaufpreis inklusive Nebenkosten ist, desto besser.
- Eine schlechte Mietrendite lässt sich stets durch den Mehrertrag beim Wiederverkauf ausgleichen.
- Anteile an Sonderimmobilien (z. B. Pflegeimmobilien, Hotels etc.) ermöglichen eine sichere, hohe Rendite und machen wenig Arbeit.

Eigengenutzte Wohnimmobilie als Anlageklasse

Viele der oben erläuterten Argumente gelten auch für eigengenutzte Wohnimmobilien. Außerdem wissen Sie nun, dass – langfristig betrachtet – selbstgenutztes Wohneigentum auch aus steuerlicher Sicht großen Charme besitzt, da Sie den Mietwert der bewohnten Immobilie nicht versteuern müssen (in anderen Ländern, z. B. der Schweiz, muss man das). Ein paar Besonderheiten bei selbstgenutzten Immobilien sollten Sie jedoch kennen.

Wohneigentum diszipliniert

Nur wenige Käufer können Wohneigentum vollständig aus Eigenmitteln erwerben. Die Mehrzahl verfügt beim Kauf lediglich über einen Eigenkapitalanteil von unter 50 %. Und in der Nullzinswelt mit (scheinbar) niedrigen Darlehenszinsen und gleichzeitig hohen Immobilienpreisen sind Finanzierungen mit 80, 90 und sogar bis zu 100 % Fremdkapitalanteil die Regel. Marktbeobachter bestätigen: Wenn die Einkommenssituation vertrauenswürdig ist und die Kaufwilligen mindestens die Erwerbsnebenkosten aus Eigenmitteln bestreiten können, ist auch eine hundertprozentige Finanzierung möglich.

All jene Immobilienkäufer, die Fremdmittel eingesetzt haben, müssen »nachsparen«, d. h. ihre Kredite abstottern bzw. tilgen. Und hier setzt eine positiv wirkende psychologische Komponente ein: Die Disziplin, mit der getilgt wird, ist im Durchschnitt sehr hoch, d. h. von extremen Lebenssituationen wie schwerer Krankheit, Berufsunfähigkeit oder Langzeitarbeitslosigkeit abgesehen, werden in Deutschland Tilgungspläne in der Regel eingehalten.

Hingegen ist die Spardisziplin von Mietern mit gleichem Nettoeinkommen, aber ohne Immobiliendarlehen nicht so hoch. Diese Menschen könnten ja rein rechnerisch die Differenz zwischen der – zunächst geringeren – Mietbelastung und der Zins- und Tilgungsbelastung der Immobilienkäufer ebenfalls zur Seite legen und damit ein Vermögen oder eine Altersvorsorge aufbauen. Das tun sie jedoch im Durchschnitt nicht bzw. sie halten ihre Spar- bzw. Vorsorgepläne nicht durch. Dies führt im Ergebnis dazu, dass – bei gleichem Nettoeinkommen – die Immobilieneigentümer später (z. B. beim Renteneintritt) über ein deutlich höheres Vermögen verfügen als die Nichteigentümer. Und genau das ist mit dem Disziplinierungseffekt eines Immobilienkredites gemeint.

Wohneigentum macht glücklich

Ein weiteres »weiches« Argument für Wohneigentum ist die **emotionale Rendite,** also die Freude, die gleichzeitiger Besitz und Eigentum der Immobilie beim Bewohner offenbar vermitteln. Ein eigenes Nest zu besitzen und einen sicheren Hort zu haben, aus dem man niemals herausgekündigt werden kann, ist für viele Menschen ein wichtiger Wert und Zufriedenheitsfaktor. Das englische Sprichwort »My home is my castle« trifft es exakt. Gerade junge Familien mit Kindern erleben Immobilieneigentum oftmals emotional sehr positiv. Dieser Sachverhalt wird auch regelmäßig durch trockene Statistiken nachgewiesen, die die Zufriedenheit von Eigentümern und Mietern vergleichen. Auch würden viel mehr Mieter gerne ins Eigentum ziehen als Eigentümer wieder in Miete gehen. Lediglich im (hohen) Alter kann sich das umkehren, wie Sie gleich sehen werden.

Wohneigentum kann im Alter unglücklich machen

Nach dem Auszug der Kinder genießen viele Paare zunächst noch den gewonnenen Platz. Doch mit wachsendem Alter wird vielen Eigentümern die Immobilie zu groß und zur Last. Spätestens nach dem Tod des Partners kehrt sich die langjährige emotionale Rendite für den Verbleibenden häufig in emotionales Leid um. Oft tritt in dieser Phase ein Renovierungsstau auf und der Zustand der Immobilie leidet. Jedoch gibt es starke psychologische Hemmnisse gegen einen Verkauf und den Einzug in ein neues, den aktuellen Lebensumständen angemessenes Zuhause. Der Fairness halber muss man sagen, dass solche Effekte auch bei gemieteten Immobilien auftreten. Insbesondere die Tatsache, dass ein Wohnungswechsel regelmäßig erheblich höhere Quadratmetermieten mit sich bringt, setzt den (Fehl)Anreiz zum Verbleib in einer nicht mehr adäquaten und zu großen Wohnung. Insgesamt ist der Effekt »emotionales Leid« bei Immobilieneigentümern im Alter jedoch stärker als bei den Mietern.

Ich wünsche Ihnen, dass Sie die emotionale Rendite von Wohneigentum für ein paar Jahrzehnte uneingeschränkt genießen können – und dass Sie im Falle einer Veränderung Ihrer Lebensumstände und Bedürfnisse so cool sind, sich von diesem Eigentum zu lösen und neue Wege zu gehen. Eine solche Einstellung lässt sich trainieren und somit – zumindest bedingt – fördern. Die Menschen anderer Länder und Kulturen gehen weitaus entspannter mit dem Verkauf von Immobilien um. Und hierin könnte der Schlüssel zur Vermeidung emotionalen Leides – zumindest in Bezug auf Immobilien – liegen.

Rivalität zwischen Wohneigentum und Altersvorsorge

Falls Sie zu den Gut- oder Besserverdienenden gehören und/ oder ein gewisses Vermögen haben, fällt die Empfehlung für die selbstgenutzte Immobilie leicht – es sei denn, es gäbe konkrete dem entgegenstehende Argumente (z. B. vorhersehbare häufige beruflich bedingte Ortswechsel).

Schwierig wird es dann, wenn sich Wohnungseigentum und eine zusätzliche private Altersvorsorge gegenseitig ausschließen. Wenn also die Vermögens- und Einkommenssituation so aussieht, dass Sie sich entweder nur das eine oder nur das andere leisten können. Ein Beispiel soll das zeigen.

BEISPIEL: EIGENHEIM ODER ALTERSVORSORGE?

Das Ehepaar Müller verfügt über eine monatliche Sparfähigkeit von 700 Euro. Dies genügt, um unter Anrechnung der gesparten Miete den Sprung ins Eigenheim zu schaffen. Das hierfür erforderliche Annuitätendarlehen ist jedoch erst abbezahlt, wenn Müllers rund 60 Jahre alt sind. Die zu erwartende Rentenlücke lässt sich in den verbleibenden Jahren dann nicht mehr nennenswert schließen, sodass die Müllers ihren Ruhestand dann zwar im Eigenheim, aber bei Wasser und Brot verbringen müssten.

Der Konflikt wird etwas dadurch gemildert, dass mietfreies Wohnen in der Rentenphase ja auch bereits ein Teil zusätzlicher Altersvorsorge ist. Angenommen die Müllers fürchten eine Rentenlücke von ca. 1.000 Euro monatlich, schaffen es jedoch bis zum Ruhestandsbeginn ihre Immobilie schuldenfrei zu machen und ersparen sich damit eine Nettokaltmiete, die zum Zeitpunkt des Renteneintritt auf 1.200 Euro monatlich angestiegen wäre, dann ist ja wieder alles in Ordnung.

Die Empfehlung lautet also: Bedenken Sie, ob Sie mit einem Immobilienerwerb Ihre Altersvorsorge gefährden. Wenn dies zu befürchten ist, könnte die Lösung auch im Erwerb einer kleineren bzw. preisgünstigeren Immobilie bestehen. Hier steht also nicht der Immobilienerwerb prinzipiell infrage, sondern der Erwerb einer zu teuren oder nicht passenden Immobilie.

Profitieren Sie erstens davon, dass Sie im Alter mietfrei wohnen werden, zweitens davon, dass Sie dieses mietfreie Wohnen nicht versteuern müssen und drittens vom disziplinierenden Effekt des »Nachsparens«. So bestehen gute Chancen, dass sich der oben geschilderte Konflikt bei Ihnen in Wohlgefallen auflöst.

Meine Tipps für Sie

- Immobilien sind die mit Abstand wichtigste Anlageklasse weltweit und ich verstehe, dass an selbstgenutzten Immobilien viele Emotionen (hoffentlich nur positive!) hängen. Wenn Sie für die Anschaffung einer selbstgenutzten Immobilie ausreichende Eigenmittel haben, die Immobilie nicht überdimensioniert und vielleicht sogar flexibel ist (z. B. vermietbare Einliegerwohnung nach Auszug von Kindern) und Sie nicht an die Grenze Ihrer finanziellen Belastbarkeit gehen, ist nichts gegen ein Eigenheim einzuwenden. Auch wenn die Fremdmittel in der Nullzinswelt billig sind, sollten Sie jedoch eine hohe Verschuldung aus Risikogesichtspunkten meiden und eine Anfangstilgung von mindestens 3 % p. a. leisten.
- Zudem gewinnen Sie an Lebensqualität, wenn Sie Ihre Liebe zum Eigenheim in Grenzen halten und einen Wiederverkauf in einer späteren Lebensphase nicht kategorisch ausschließen. Meine Frau und ich sagen uns gelegentlich gegenseitig, dass wir gerne miteinander verheiratet sind. Aber eben nicht mit unserem Eigenheim!

Exkurs: Indirekte Immobilieninvestments

Um in die Anlageklasse Immobilien zu investieren, sind neben dem direkten Investment in realen Beton und Stein auch indirekte Immobilieninvestments möglich – sozusagen virtuelles Betongold. Dazu zählen:

- **Immobilien-Aktiengesellschaften** (ohne REITs, siehe nächster Punkt)
- **REITs** (= Real Estate Investment Trusts, Immobilien-AGs mit besonders strengen Regularien zugunsten der Anleger – derzeit in Deutschland nur fünf REIT-AGs: alstria office, Fair Value, HAMBORNER, Deutsche Konsum, Deutsche Industrie)
- **ETFs** auf Immobilienaktien, insbesondere ETFs auf:
  - **Aktien** börsennotierter Immobilienunternehmen, einschließlich REITs (über einzelne Regionen wie Europa, Nordamerika, Asien oder über alle Kontinente hinweg streuende Indizes, weltweit z. B. Dow Jones Global Real Estate Securities Index, Global Property Research [GPR] Global 100 Index)
  - ausschließlich **REITs** (Achtung: REIT-Regularien anderer Länder sind nicht so streng wie in Deutschland)
  - Wertentwicklung von **Immobilienmärkten**
- Immobilienfonds – Achtung, nicht zu empfehlen!
  - AIF als **offene** Immobilienfonds (nicht zu empfehlen – da sie ja in kurzfristig nicht liquidierbare Immobilienobjekte investieren, bestehen Mindesthalte- und Kündigungsfristen, ggf. auch eine Rücknahmeaussetzung; sie sind überdies teuer und oft intransparent, Fonds in Gewerbeimmobilien können konjunkturabhängig sein)
  - AIF als **geschlossene** Immobilienfonds (nicht zu empfehlen – siehe Kapitel »Unvorteilhafte Produkte«, Nr. 10)

Abschließende Empfehlungen

Nun habe ich Ihnen – offen und ehrlich – die zentralen Argumente rund um Immobilien als Anlageklasse (auch zur Selbstnutzung) an die Hand gegeben. Jede weiterführende Empfehlung wäre nur eine Prognose bzw. Spekulation: Auch wenn ich die Entwicklung des deutschen Immobilienmarktes intensiv verfolge, traue ich mir keine Prognose zu, da es sehr gegensätzliche Entwicklungskräfte gibt, die obendrein für unterschiedliche Standorte sehr unterschiedlich wirken könnten.

Über die in jüngster Vergangenheit zunehmenden Immobilienfinanzierungen mit minimalem oder fehlendem Eigenkapital bin ich beunruhigt. Im Falle von Zinssteigerungen (selbst geringfügigen) ist im besten Fall mit verkraftbaren Preisrückgängen und schlimmstenfalls mit einem Platzen der Immobilienpreisblase zu rechnen. Bei Fortbestand der Eurozone ist jedoch – wenn man Wunder ausschließt – kein Ende der Nullzinspolitik zu erwarten.

Im Ergebnis stellen Immobilieninvestments somit eine Spekulation auf den Fortbestand der Eurozone und somit dauerhaft niedrige Zinsen dar! Wenn Sie über ausreichendes Eigenkapital verfügen, sehr langfristig denken und die Immobilie sogar selbst langfristig nutzen wollen, ist ein Erwerb trotzdem erwägenswert, so lange sie keine überhöhten Preise dafür bezahlen. Auf meinem YouTube-Kanal habe ich verschiedene Videos zum Thema Immobilien erstellt: www.youtube.de, Stichworte: Hartmut Walz Immobilien.

Typische Anlegerfehler und wie Sie sie vermeiden

Finanzielle Entscheidungen aus dem Bauch heraus zu treffen, ist meist keine gute Idee. Doch leider lassen wir Menschen uns nur allzu oft von unseren Emotionen leiten, wenn es um Geldangelegenheiten geht. Im Spannungsfeld zwischen Angst und Gier hin- und hergerissen unterlaufen uns fatale Anlegerfehler. In diesem Kapitel lernen Sie die wichtigsten dieser Fehler kennen und erfahren, wie Sie sie vermeiden.

Geldentscheidungen zwischen Kopf und Bauch

Anlagepsychologie bzw. Anlegerpsychologie (engl. Behavioral Finance) ist eine Spezialdisziplin innerhalb der Psychologie, bei der es um den Konflikt zwischen Kopf und Bauch bei Geldthemen geht. Sie beschäftigt sich damit, warum wir zwar meist rational denken, aber höchst irrational handeln. Die Anlagepsychologie untersucht hierbei eine Vielzahl von spannenden Fragen rund um unseren Umgang mit Geld. Ein paar Beispiele:

- Warum ist das emotionale Leid eines bestimmten Verlustes ungleich höher als die Freude über einen gleich hohen Gewinn?
- Warum werden wir risikofreudiger, wenn unsere Anlage ohnehin schon im Verlust ist, und ängstlicher, wenn sich diese in der Gewinnzone befindet?
- Warum verlieren so viele Lottomillionäre ihr Geld innerhalb weniger Jahre wieder? Und genauso die gutverdienenden Spitzensportler wie z. B. Einkommensmillionäre der bekannten US-amerikanischen Basketball-Liga NBA?
- Warum spenden beruflich sehr erfolgreiche Menschen (Meritokraten) wie Warren Buffet, Bill Gates oder George Soros viel und gerne, während Menschen, die ihr Geld ererbt haben (Aristokraten), eher selten und relativ wenig spenden?
- Warum fürchten sich die meisten Menschen bei Geldanlage und finanzieller Vorsorge vor den falschen Risiken?

- Was steckt hinter der sogenannten Geldillusion und warum schaffen es selbst kluge Menschen kaum, dieser Täuschung nicht zu unterliegen?

Sie sehen schon: Anlagepsychologie ist ein sehr spannendes Thema, welches nach einer viel tieferen und intensiveren Auseinandersetzung schreit. Aber dafür habe ich Ihnen ein anderes Buch geschrieben. Hier konzentriere ich mich auf eine sehr komprimierte Erläuterung der wichtigsten und schlimmsten Anlegerfehler. Und natürlich die praktische Hilfe, wie Sie diese vermeiden können. Ausführlicher zum Thema Fallstricke bei ökonomischen Entscheidungen lesen Sie in meinem Buch »Einfach genial entscheiden: Die 55 wichtigsten Erkenntnisse für Ihren Erfolg«.

Handlungsstarre

Während eines Vortrags in der bis auf den letzten Platz belegten Aula der Hochschule Ludwigshafen am Rhein stellte einer meiner Gäste, der Referent *Christoph R. Kanzler*, dem Publikum zwei provozierende Fragen:

1. »Was ist langfristig das größere Risiko an den Kapitalmärkten: investiert zu sein oder nicht investiert zu sein?« Die korrekte Antwort aus dem Publikum kam prompt und unisono: Das größere Risiko besteht langfristig darin, nicht investiert zu sein.
2. »Und sind die meisten Deutschen investiert oder nicht investiert?« Die ebenso prompte wie korrekte Antwort des Publikums: »Nicht investiert!«

Diese kurze Schilderung zeigt bereits die ganze Misere: Ein großer Teil der deutschen Anleger leidet unter einer Handlungsstarre bzw. einer starken Tendenz zum Nichtstun (englischer Fachausdruck: Omission Bias, die holprige deutsche Alternative: »Unterlassungstendenz«). Diese Tendenz besteht nicht etwa erst seit Beginn der Nullzinswelt. Doch diese erhöht die Verluste aus der Handlungsstarre noch erheblich. Und nun nehmen wir diese Verluste eher wahr als früher: Nullzinsen oder Negativzinsen trotz Inflation. 3 % Sparzins bei 5 % Inflation waren auch in den 1980er-Jahren nicht besser als 0 % Zinsen bei 2 % Inflation heute. Und trotzdem machen viele das, was ihnen am sichersten erscheint: nichts. Sie unterlassen es, auf rentablere Anlageformen auszuweichen.

Die Ursachen für unsere Tendenz zum Nichtstun

Die Ursache, warum wir zum Nichtstun tendieren, steckt in unserem tief verwurzelten Wunsch, möglichst keinen Fehler machen bzw. uns keine Schuld aufladen zu wollen. Lieber nichts tun als etwas Falsches. In vielen Kulturkreisen – so auch in unserem – werden Fehler, Verantwortung und Schuld jedoch primär mit aktivem Tun in Verbindung gebracht und nicht mit Unterlassen.

Menschen, die dem Glaubenssatz »Handeln ist gefährlicher als Nicht-Handeln« folgen, haben die Tendenz, im Zweifel lieber nichts zu tun – sie ziehen Passivität der Aktivität vor und lassen die Dinge einfach laufen und geschehen.

Relevanz

Von der Tendenz zum Nicht-Handeln, also der Passivität, profitieren Staaten und Zentralbanken zulasten ihrer Bürger. Ein kleines Rechenbeispiel: Allein in Deutschland werden gemäß Statistik der Deutschen Bundesbank ca. 2,5 Billionen Euro (ausgeschrieben: 2.500.000.000.000 Euro) zinsfrei, aber inflationsgefährdet auf Giro-, Spar- oder Tagesgeldkonten gelagert. Nehmen Sie nun an, dass davon ein Fünftel wirklich als Liquiditätsreserve benötigt wird, und unterstellen Sie für die verbleibenden 2 Billionen Euro lediglich eine mögliche Geldanlage zu 2,5 % p. a. Rendite (das wäre z. B. ein äußerst mittelmäßiger Mischfonds), so erleiden die Deutschen jährlich 50.000.000.000 Euro – also 50 Milliarden Euro Verluste durch den Omission Bias. Wenn Sie diesen Betrag mit Zins und Zinseszins über ein durchschnittliches Erwerbsleben hochrechnen, so könnten viele Mitbürger allein durch Vermeidung dieses Anlagefehlers ihre Rentenlücke schließen.

So überwinden Sie die Handlungsstarre

Wie bei vielen Fehlern, mit denen sich die Anlagepsychologie beschäftigt, besteht auch bei der Tendenz zum Nichtstun die »halbe Miete« bereits darin, dass Sie diese Verzerrung der menschlichen Psyche erkennen und sich bewusst machen.

Ein weiterer wichtiger Schlüssel zur Überwindung von Handlungsstarre oder Entscheidungslähmung: Unterscheiden Sie immer klar zwischen:

- Ihrer bewussten Entscheidung, dass Nichtstun in diesem Fall das Beste ist, also jedes Handeln zu einem schlechteren Ergebnis führen würde, und
- Ihrem Nichtstun, das aus der Unfähigkeit oder Unwilligkeit resultiert, eine Entscheidung zu treffen.

Gerne teile ich folgenden Merkspruch mit Ihnen, der bei mir persönlich den Durchbruch im Kampf gegen die Entscheidungslähmung ermöglicht hat: »Auch wenn ich nicht entscheide oder wenn ich nichts tue, dann passiert trotzdem nicht nichts!« In der Tat dreht sich die Erde eben auch dann weiter, wenn ich nichts tue. Nur ist eben die Frage, ob das tatsächlich besser ist, als wenn ich eine aktive Entscheidung treffe bzw. eingreife.

All diese Überlegungen sollten Sie jedoch nicht dazu verleiten, ins Gegenteil zu verfallen: nämlich das Handeln zu übertreiben. Selbstüberschätzung und ein zu großes Vertrauen auf die eigenen Kenntnisse und Fähigkeiten lassen so manchen Anleger zu häufig und intensiv handeln. Hier drohen andere Gefahren der Nullzinswelt: Der Aktionismus kostet nämlich vermeidbare Transaktionskosten. Näheres zu diesem Anlagefehler finden Sie im folgenden Kapitel.

Halbwissen, Selbstüberschätzung und Aktivitätsdruck: ein gefährlicher Mix

Vielleicht kennen Sie den Spruch » A little knowledge is a dangerous thing«. In der Tat kann Halbwissen gefährlich und Ursache folgenreicher Anlegerfehler sein. Diese resultieren daraus, dass wir beim ersten oberflächlichen Verstehen von Sachverhalten meist sehr positiv-beschwingte Gefühle erleben. Gedanken wie »Das ist ja gar nicht so schwer!«, oder: »Ich kann das ja auch«, führen dazu, dass wir uns mit hoher Wahrscheinlichkeit selbst überschätzen (Overconfidence) und mehr zutrauen, als wir sollten. Mit dem ersten »Oberflächenwissen« wächst die Illusion eines tieferen Verständnisses. In der Folge halten wir viele Informationen und Zusammenhänge, die wir plausibel finden, auch sogleich für wahr. Hieraus folgt meist Aktivitätsdruck, also das starke Bedürfnis, die überschätzten Kenntnisse und Fähigkeiten auch anzuwenden und zum eigenen Vorteil einzusetzen.

Dieser Cocktail aus gehobener Stimmung, Selbstüberschätzung und dem Antrieb, aktiv zu werden, führt insgesamt nur allzu oft zu sehr mangelhaften und unvorteilhaften Anlegerentscheidungen. Es gibt wissenschaftliche Untersuchungen, die zeigen, dass wir gerade in der Phase der ersten Einarbeitung in ein Wissensgebiet zu besonders starker Selbstüberschätzung neigen. Wenn wir dann später immer tiefer in das Gebiet eindringen und die Komplexität besser verstehen, nehmen Respekt und Expertise zu, gleichzeitig Zutrauen und Selbstüberschätzung ab. Daher wird die starke Selbstüberschätzung der Anfangsphase auch als Gipfel der Dummheit (Mount Stupid) bezeichnet, der dann später im besten Falle sanft ausläuft und einer realistischeren Selbsteinschätzung weicht. Mehr dazu lesen Sie in meinem Blog www.schließlich-ist-es-Ihr-Geld.de/Finanzblog, Suchwort: Mount Stupid (mit Video).

So überwinden Sie Selbstüberschätzung und Aktivitätsdruck

Auch hier besteht in der Selbsterkenntnis bereits der erste Schritt zur Besserung. Wir sollten uns der Grenzen unseres Wissens und unserer Fähigkeiten bewusst sein. Und uns eingestehen, dass es eine Menge an Informationen und Zusammenhängen gibt, die wir nicht kennen. Anleger mit ausgeprägter Selbstüberschätzung ihrer Kenntnisse und Fähigkeiten würden dies natürlich weit von sich weisen. Sie sehen schon – ein sich selbst verstärkender Teufelskreis.

Gerne teile ich mit Ihnen folgende Tricks, mit denen ich selbst gegen meine mögliche Selbstüberschätzung und Aktivitätsdruck vorgehe.

Meine Tipps gegen Selbstüberschätzung

- Ich gehe vorsichtshalber davon aus, dass ich ständig und immer an Selbstüberschätzung leide. Denn es ist paradox: Würde ich glauben, dass ich aufgrund meiner Fachkenntnisse oder der Auseinandersetzung mit dem Thema »Overconfidence« nicht der Selbstüberschätzung unterläge, wäre gerade dies der Quell einer neuen Form von Selbstüberschätzung.
- Ein weiterer Glaubenssatz, der hilft: Laien machen kleine Fehler – Experten machen große Fehler!

Meine Tipps gegen Selbstüberschätzung

- Und schließlich noch eine Immunisierungsspritze gegen Aktivitätsdruck: Wenn ich mal wieder eine »einfach geniale Idee« habe, wie ich durch clevere Aktivität den Markt schlagen könnte, mache ich mir klar, dass sehr wahrscheinlich viele professionelle Marktteilnehmer diese Idee auch schon hatten und ich als Teil des Marktes lieber nicht glauben sollte, dass gerade ich cleverer bin als der gesamte Markt. Solche Überlegungen erden mich, machen mich bescheiden und halten mich vor allzu großen Dummheiten im Sinne von Kosten verursachendem Aktionismus mit fraglichem Nutzen ab.

Statt wild im Kreis zu rennen, gilt: In der Ruhe liegt die Kraft. Was natürlich wiederum keine Ausrede dafür sein darf, seinem Geld taten- und zinslos beim Schrumpfen durch Inflation zuzusehen und in Handlungsstarre zu verfallen (siehe dazu bereits das gleichnamige Kapitel oben) … Es gilt, eine gute Balance zwischen Nichtstun und Aktivitätsdruck zu finden. Sie schaffen das!

Opportunitätskosten, oder: Wissen Sie, was Ihnen entgeht?

BEISPIEL: FLIRT VERSUS FUSSBALL

Stefan hat heute einen entscheidenden Fortschritt bei seiner Angebeteten Jaqueline gemacht. Sie hat nämlich seine Einladung zum Abendessen am Mittwoch kommender Woche angenommen. Stefan freut sich sehr, allerdings nur so lange, bis er einen Anruf von seinem Kumpel Kevin erhält. Der erinnert Stefan, der ein geradezu enthusiastischer Fußballfan ist, an das Public-Viewing-Event des Champions-League-Spiels an just diesem Mittwoch mit den anderen Kumpels. So ein Pech! Wie konnte Stefan das vergessen? Ob er wohl das Date mit Jaqueline auf Donnerstag verschieben könnte? Der Champions-League-Abend ist für ihn plötzlich »teuer und wertvoll« geworden. Ein echter Konflikt. Stefan fühlt, dass ihm etwas entgehen wird.

Die Kosten entgangener Alternativen bezeichnen Fachleute als Opportunitätskosten. Also das, was Sie z.B. bei Alternative 1 gerade nicht bekommen oder erhalten, weil Sie sich für Alternative 2 entschieden haben.

Je höher die Opportunitätskosten einer Alternative ausfallen, desto unattraktiver erscheint diese bzw. als umso unvorteilhafter wird sie bewertet. Stefan aus dem Beispiel oben wird sich an jenem Mittwochabend wahrscheinlich für das Dinner mit Jaqueline entscheiden. Hätte Stefan jedoch für das Champions-League-Spiel eine Freikarte auf der Ehrentribüne und Zutritt zu den Mannschaftsräumen gewonnen, dann, ja dann, müsste Jaqueline vielleicht alleine Essen gehen.

Das Bessere ist des Guten Feind. Genau das gilt auch für die Bewertung von Anlage- und Vorsorgeprodukten. Steckt Ihr Geld in einem niedrigverzinslichen Produkt, steht es Ihnen nicht mehr für rentablere Alternativen zur Verfügung, da Sie Ihr Geld ja nur einmal investieren können. Die verpasste rentablere Anlage führt zu Opportunitätskosten. Und die sollten Sie bei der Entscheidung zwischen Anlage- und Vorsorgevarianten immer mit auf der Rechnung haben.

Unterschätzte Garantiekosten

Ein wirklich krasser Fall von Opportunitätskosten liegt bei langfristigen Vorsorgeverträgen mit einer Garantiezusage (Beitragsgarantie oder Garantieverzinsung) vor. Garantiekosten bei Vorsorgeverträgen, wie etwa kapitalbildenden Lebens- oder Rentenversicherungen, sind die Aufwendungen, die Ihnen als Kunde dadurch entstehen, dass der Versicherer Ihnen eine Mindestverzinsung oder eine Kapitalgarantie verspricht. In Zeiten vor der Nullzinswelt wurden Versicherten etwas höhere Renditen (nur auf den Sparanteil, wohlgemerkt!) zugesichert. In den Jahren 1994 bis 1998 belief sich der Garantiezins sogar auf 4 % p. a.

Aktuell beträgt er bei klassischen LV- und RV-Tarifen lediglich noch 0,9 % p. a. (wieder nur auf den Sparanteil). Und andere Tarife garantieren sogar häufig nur den Beitragsrückerhalt – entweder brutto (also vor Kosten) oder netto (also nach Kosten). Diese Garantien sind wenig wert. Denn sie lauten auf nominelle Größen, d. h., der sich über die Laufzeit ansammelnde Inflationsschaden, also der Verlust der Kaufkraft, bleibt beim Kunden. Gleichwohl führen diese Garantien zu enormen Opportunitätskosten: Das Geld kann trotz langfristigem Horizont nicht renditestark investiert werden, sondern wird, zwar sicher vor Kursverlusten, dafür aber renditearm angelegt. Für eine langfristige Geldanlage hätten für Sie viel renditestärkere Alternativen bestanden – die aufgrund der Langfristigkeit des Vorsorgevertrags faktisch nicht risikoreicher wären.

Ein Rechenbeispiel zur Verdeutlichung der Garantiekosten:

Hannah (32) ist bereit, ab sofort monatlich 100 Euro, also 1.200 Euro p. a. für ihre zusätzliche Altersvorsorge zur Seite zu legen. Wenn sie das plangemäß durchhält, wird sie 1.200 Euro x 35

Jahre, also 42.000 Euro investieren. Dafür wählt sie einen breit diversifizierenden Aktien-ETF, der eine angenommene Rendite vor Kosten und Steuern von durchschnittlich 8 % p. a. erzielt. Kurze Erläuterung: Historisch betrachtet gibt es kaum Fälle von geringerer durchschnittlicher Rendite über einen solchen Zeitraum, jedoch viele Fälle mit 9 % bis 10 % p. a. Aber wir wollen bescheiden bleiben. Das Endvermögen von Hannahs Vorsorge nach 35 Jahren beträgt 223.323 Euro (das können Sie mit dem Rentenrechner im Gratis-Download meiner Webseite www.schließlich-ist-es-Ihr-Geld.de/Arbeitshilfen bequem nachvollziehen).

Wählt Hannah hingegen eine Rentenversicherung mit garantiertem Mindestzins (derzeit 0,9 % p. a.) und Ablaufleistung nach 35 Jahren, so kann der Versicherer nur einen kleinen Teil von Hannahs Geld in Aktien oder anderen rentablen Anlagen investieren. Für den restlichen Teil muss er niedrigverzinsliche Anlageformen, wie z. B. Anleihen, wählen. Bei einer hierdurch auf 3 % p. a. gesunkenen Durchschnittsverzinsung (vor Kosten und Steuern) ergibt sich nun nur noch ein Endvermögen von 74.731 Euro, also gerade noch knapp ein Drittel der oben errechneten 223.323 Euro. Die fehlenden zwei Drittel sind keineswegs Kosten des Versicherers, sondern lediglich entgangene Erträge durch die niedriger verzinsliche Anlage – und damit reine Opportunitätskosten.

> Ich halte Garantiekosten für eine der schlimmsten Geißeln in langfristigen Anspar- und Vorsorgeverträgen der Deutschen. Der durch sie ausgelöste Schaden übersteigt selbst die Nachteile durch versteckte und überhöhte Kosten in Vorsorgeverträgen bei weitem.

Unabhängige Studien beweisen, was Hannahs Fall nur exemplarisch zeigen kann: Die Opportunitätskosten können die Summe des eingesetzten Kapitals leicht um ein Mehrfaches übersteigen. Im Hannah-Beispiel bedeutet das: Eingesetztes Kapital: 42.000 Euro. Garantiekosten (Opportunitätskosten): 223.323 Euro minus 74.731 Euro, also 148.592 Euro.

Geht das noch schlimmer? Ja. Nämlich dann, wenn Garantieprodukte auf eine Nullzinswelt treffen.

Dramatisch steigende Garantiekosten in der Nullzinswelt

Die gute Nachricht vorab: Auch in der Nullzinswelt werden die Versicherer das Geld ihrer Kunden nicht wirklich zu null Prozent anlegen. Und zwar, weil sie Teile (wenn auch zu kleine Teile) der Anlagen in rentableren Anlageklassen wie Aktien, vermieteten Immobilien oder Infrastrukturprojekten investiert haben. Nur der (große) Rest liegt in sicheren Staatsanleihen, von denen immer mehr eine negative Verzinsung aufweisen.

Nun die schlechte Nachricht: Die Rechnung oben war vor Kosten und Steuern. Die mit 3 % p. a. angenommene Durchschnittsverzinsung kann nach Kosten und Steuern in der Nullzinswelt leicht auf 2 % p. a. fallen. Und wenn die Nullzinsen länger anhalten oder immer mehr Anlagevehikel ins noch niedrigere Minus rutschen, ist auch eine Durchschnittsverzinsung von gar nur 1 % p. a. zu befürchten, da die »sicheren« Anteile in Staatsanleihen mit negativem Zins hoch sind.

Das »sichere« Endvermögen von Hannah sinkt bei ansonsten identischen Bedingungen hierdurch immer weiter ab. Die folgende Tabelle zeigt das ganze Dilemma.
Dazu noch einmal zur Erinnerung die Eckdaten aus dem Beispiel. Einzahlung: 1.200 Euro p. a., Dauer 35 Jahre, Summe eingezahltes Kapital: 42.000 Euro.

Alternative	Durchschnittliche Anlagerendite p. a.	Endwert in Euro	Endwertverlust durch Garantie in Euro	Endwertverlust durch Garantie
Ausgangsfall als Referenzpunkt	8 %	223.323	0	0 %
Reale Historie vor Nullzinswelt	4 %	91.918	131.405	59 %
Reale Historie beginnende Nullzinswelt	3 %	74.731	148.592	67 %
Nullzinswelt, kurzfristig	2 %	61.193	162.130	73 %
Nullzinswelt, langfristig, verschärft	1 %	50.492	172.831	77 %

Das zeigt: In der Nullzinswelt sind die Auswirkungen der Opportunitätskosten durch Investition in scheinbar sichere, aber renditearme Anlageklassen maximal hoch. Diese Problematik kann die Vorsorgeanstrengungen weiter Bevölkerungsteile zunichtemachen und ganz erheblich zur Altersarmut von Menschen beitragen, die ihr Geld in langfristige Anlagevehikel mit Garantiekosten stecken.

So vermeiden Sie überhöhte Opportunitätskosten

Trennen Sie Ihre kurzfristige Liquiditätsreserve von langfristiger Geldanlage und Vorsorge.
Bei der kurzfristigen Liquiditätsreserve müssen Sie die Opportunitätskosten hinnehmen (z.B. keine oder nur minimale Verzinsung auf dem Tagesgeldkonto, dafür sind Ihre Reserven dort vor Kursschwankungen geschützt).
Aber bei Langfristanlage und Vorsorge sollten Sie Garantiekosten meiden. Stellen Sie sicher, dass Sie z.B. durch eine breit gestreute Aktienanlage trotz Nullzinswelt eine ordentliche Rendite auf Ihre Langfristanlage erhalten. Hier sind natürlich Kurs- und Preisschwankungen möglich. Aber keine Sorge, die globalen Aktienmärkte erbrachten in den letzten 70 Jahren langfristige Durchschnittsrenditen von zwischen 8 und 10% p.a. Selbst wenn diese in Zukunft etwas geringer ausfallen würden, sind Sie hiermit noch immer erheblich besser dran, als wenn Sie hohe Garantiekosten hinnehmen.
Vorsorgeprodukte mit Garantien (und damit zwangsläufig hohen Opportunitätskosten) sollten Sie nicht mehr abschließen. Wie Sie mit »Altlasten«, also bereits bestehenden Verträgen, umgehen, lesen Sie in Kapitel »Richtiger Umgang mit Altlasten«.

Sie fürchten sich vor den falschen Risiken

Den meisten geht die Bezeichnung »sichere Geldanlage« sehr leicht über die Lippen. Doch was meinen sie denn tatsächlich damit? Eine Anlage, deren Ergebnis durch keinerlei Risiko beeinträchtigt wird? Lassen Sie uns an dieser Stelle ganz genau sein und betrachten, welche Risiken gemeint sein könnten. Und vor welchen Risiken sich ein Anleger zu Recht fürchten könnte. Denn ein häufiger psychologischer Fehler besteht darin, dass wir nur bestimmte Einzelrisiken im Bewusstsein haben. Während wir diese überschätzen, haben wir andere gar nicht auf dem Schirm und unterschätzen oder verdrängen sie. Es ist so, als ob wir bei einer Gratwanderung vor lauter Angst, links in den Abgrund zu stürzen, dann eben rechts hinunterfallen.

Die wichtigsten finanziellen Einzelrisiken

Folgende Erscheinungsformen finanzieller Risiken gibt es.

Risikoarten

- **Preisänderungsrisiken, auch Kursrisiken** genannt: Sie stehen stets im Blickpunkt des Anlegerinteresses. Hierzu kommen wir gleich noch.
- **Bonitätsrisiken, auch Ausfall- oder Kreditrisiken** genannt: Der Empfänger geliehenen Geldes (Schuldner) gibt dieses nicht oder nicht vollständig zurück. Sie als Anleger schauen in die Röhre. Beispiel: Lehman-Brothers-Zertifikate
- **Kontrahentenrisiken, auch Gegenparteirisiken** genannt: Der Vertragspartner kommt seiner vertraglichen Verpflichtung nicht nach, was weit über das Bonitätsrisiko hinausgehen kann.
- **Inflationsrisiken**: Geldanlagen, also Ansprüche, die auf eine Währung lauten, verlieren im Gegensatz zu Sachwerten an Kaufkraft. Da das Phänomen der Inflation prinzipiell bekannt ist, besteht das Risiko – exakt formuliert – darin, dass die Inflationsrate über das bereits erwartete Maß hinaus steigt.

Risikoarten

- **Währungsrisiken, auch Wechselkursrisiken** genannt: Sie kalkulieren (und konsumieren) in Ihrer Heimatwährung, z. B. dem Euro. Wenn Sie in einer anderen Währung investiert sind, erleiden Sie durch eine Abwertung dieser Fremdwährung (also Aufwertung Ihrer Heimatwährung) Verluste. Sind Sie dagegen in der Fremdwährung verschuldet, kann die Abwertung der Heimatwährung zu einem existentiellen Problem werden (Privatinsolvenz durch Überschuldung).
- **Rechtliche Risiken**: Je komplexer ein Anlagevehikel oder eine Anlagestrategie ist, desto eher kann es vorkommen, dass an irgendeiner Stelle ein Anspruch von Ihnen nicht durchsetzbar ist, oder umgekehrt, ein unerwarteter Anspruch gegen Sie auftaucht. Neben der verbleibenden Rechtsunsicherheit zählt auch die Gefahr einer für Sie ungünstigen Änderung der Rechtsprechung und rechtlichen Vorschriften zu diesem Risiko. Übrigens: Auch Steuerrecht ist Recht, d. h., steuerliche Risiken sind ein Unterfall der rechtlichen Risiken.
- **Betrugsrisiken**: Hierunter fallen facettenreiche Unterarten von Kreditbetrug über Prospekttäuschung, Schneeballsysteme bis hin zum Steuerbetrug. Betrugsrisiken treten insbesondere in nicht oder nur schwach regulierten Marktsegmenten auf.
- **Politische und gesamtwirtschaftliche Risiken**: Hierunter fallen z. B. der Ausbruch eines Krieges mit gleichzeitigem Zusammenbruch der Wirtschaft, ein Staatsbankrott oder ein Währungszusammenbruch. Die Auflösung der Eurozone und Rückkehr zu nationalen Währungen wäre ein weiteres Beispiel. Ebenso Zwangsabgaben, Bargeldverbot, Verbot von Gold- und Diamantenbesitz etc. Die Liste denkbarer Grausamkeiten ist lang.

Das ist eine doch recht lange Risiken-Liste. Doch wie relevant sind diese Einzelrisiken jeweils? Und wie steht es um das Verhältnis zwischen unseren Ängsten und Emotionen (Psychologie) einerseits und den objektiven Risiken (Faktenlage) andererseits?

Wie relevant ist welches Einzelrisiko?

Auch wenn sich diese Frage nicht pauschal beantworten lässt, gibt es doch einfache Anhaltspunkte, mit denen Sie die Bedeutung von Einzelrisiken für sich selbst einschätzen können. Hier finden Sie die sieben wichtigsten. Fragen Sie sich:

1. **Wie häufig tritt das Risiko auf?** Auch wenn Sie von der Vergangenheit nicht generell auf die Zukunft schließen können, lassen sich daraus Hinweise für die Wahrscheinlichkeit des Risikoeintritts ziehen. Beispiele: Kleinunternehmen werden häufiger insolvent als Großunternehmen und einzelne Unternehmen häufiger als ganze Staaten.
2. **Wie stark wirkt das Risiko?** Mit Risikowirkung (Risikoausmaß, engl. impact) ist die Höhe des möglichen Schadens im Verhältnis zum Volumen Ihrer Anlage gemeint. Zwei Extrembeispiele: Besteht das Risiko darin, dass Sie nur 1 % statt der geplanten 3 % Rendite erzielen? Oder besteht das Risiko im Totalverlust also - 100 % statt + 3 %?
3. **Lässt sich diese Risikoart ganz oder weitgehend vermeiden?** Viele Risikoarten können Sie völlig vermeiden und andere stark reduzieren. Anlagen und Kredite in Fremdwährungen können Sie eingehen – Sie müssen es aber nicht. Beispiel: Die rechtlichen Risiken bei einem komplexen geschlossenen Medienfonds sind bei nüchterner Betrachtung eben um ein Vielfaches höher als beim Kauf eines börsengehandelten Indexfonds (ETF).
4. **Was ist der Preis der Risikovermeidung?** Als Preis sind hier nicht nur eine Gebühr oder tatsächliche Kosten zu se-

hen, wie z. B. eine von Ihnen zu zahlende Versicherungsprämie. Der Preis kann auch darin bestehen, dass Sie bei der Vermeidung des einen Risikos zwangsläufig ein anderes Risiko eingehen. Beispiel: Um Inflationsrisiken zu vermeiden, müssen Sie Preis- bzw. Kursänderungsrisiken in Kauf nehmen. Und umgekehrt: Möchten Sie Kursrisiken vermeiden, müssen Sie Inflation in Kauf nehmen.

5. **Ist das Risiko vorübergehend oder endgültig?** Vorübergehende Risiken lassen sich oftmals aussitzen, endgültige nicht – tot bleibt tot. Dieser ganz zentrale Aspekt wird im nächsten Kapitel noch näher erläutert.
6. **Wie verändert sich das Risiko über die Dauer der Anlage?** Gemeint ist hier der Zusammenhang zwischen Risiko und Zeithorizont der Anlage. Es gibt Risiken, deren Wahrscheinlichkeit sich mit der Dauer der Anlage erhöht (z. B. Ausfallrisiken), und solche, die mit der Dauer der Anlage sinken (z. B. Kursschwankungen). Daher ist zur konkreten Beurteilung stets ein Blick auf die Länge des konkret vorliegenden Anlagehorizonts wichtig.
7. **Wird das Risiko vergütet oder nicht vergütet?** Manche Risiken (beispielsweise das Schwanken von Aktienkursen) werden Ihnen durch eine sogenannte Risikoprämie, also eine mögliche höhere Rendite, vergütet. Bei einem angemessenen Zeithorizont der Anlage können Sie in der Regel eingetretene Risiken aus dieser Prämie abdecken. Und wenn die Risiken nicht eintreten oder nur vorübergehend waren, bleibt noch ein Mehrgewinn für Sie übrig. Bei vergüteten

Risiken sollten Sie prüfen, ob die Risikoprämie angemessen hoch ist. Und nicht vergütete Risiken (Beispiel: Ausfallrisiko bei Zertifikaten) sollten Sie konsequent vermeiden.

Vorübergehende Risiken: was sich biegt, bricht nicht

Kursschwankungen sind in Wahrheit kein Risiko. Insbesondere kurzfristige Kursschwankungen sind es nicht, oder besser gesagt: Sie sind dann kein Risiko, wenn sie so kurzfristig sind, dass sie sich in Ihrem Anlagehorizont ausgleichen. Sie wissen bereits, dass Sie Ihre Liquiditätsreserve frei von Kursrisiken und dafür zinslos parken sollten. Aber der Teil Ihrer Reserven, den Sie längerfristig – oder sogar bis ins Alter hinein – investieren wollen, darf am zwischenzeitlichen Auf und Ab der Märkte ruhig teilnehmen. Und dabei durch die Risikoprämien (für das Schwanken gibt es nämlich eine beträchtliche Mehrrendite) an Wert zunehmen. Und das gilt mehr denn je auch in der aktuellen Nullzinswelt.

Wenn es um Geld für Ihre Altersvorsorge geht und Sie noch 15, 20 oder sogar 30 Jahre bis dahin haben, dann gehen Sie bitte realistischerweise davon aus, dass es in dieser langen Zeit noch etliche Börsencrashs, Handelskriege und Konjunkturflauten geben wird, die – genau wie Euphorie-Phasen – zu Übertreibungen und somit erheblichen Kursschwankungen führen werden. Das einzige was Sie hier tun müssen ist: **nichts.** Abwarten und Tee trinken. Cool bleiben und sich auf Ihre Hobbys konzentrieren.

Kapitalmärkte neigen zu Übertreibungen – in beide Richtungen. Jedoch haben sie auch eine starke Tendenz, diese Übertreibungen wieder zu korrigieren. Meist schon kurzfristig, seltener erst binnen einer Frist von mehreren Jahren. Das Pendel schwingt sozusagen immer wieder zurück. Diese Tendenz wird als »Rückkehr zum Mittelwert« (Regression to the Mean) bezeichnet. Und der Mittelwert steigt im Zeitablauf allmählich. Vertrauen Sie auf den Anstieg der Aktienkurse im Verlauf von vielen Jahrzehnten. Das funktioniert, seitdem es Märkte und Börsen gibt. Und es wird auch in Zukunft funktionieren – es sei denn, die Erde bricht auseinander. Doch dann benötigen Sie auch keine Ersparnisse oder Vorsorge mehr.

> Angst ist ein schlechter Ratgeber. Obacht und Risikobewusstsein sind gute Eigenschaften.

So gehen Sie besser mit Risiken um

Ich empfehle Ihnen, sich bewusst zu machen, dass es völlige Risikolosigkeit in diesem Leben nicht gibt und dass die Vermeidung eines Risikos oft zwangsläufig zum Eingehen eines anderen führt.

Unterscheiden Sie auf jeden Fall zwischen vorübergehenden und endgültigen Risiken. Ich erlebe, dass fast alle Laien spektakuläre, aber vorübergehende Risiken massiv überschätzen, während sie gleichzeitig schleichende, aber dauerhafte Risiken erheblich unterschätzen. Bei langem Anlagehorizont ist die Angst vor einem Börsencrash unangebracht. Die Gelassenheit gegenüber dem stetig nagenden Kaufkraftverlust durch Inflation ist es aber ebenso.

Vorübergehende Risiken (wie Kurs- und Preisschwankungen) können Sie beruhigt eingehen, wenn Ihr Anlagehorizont länger ist als die zu erwartende Dauer des Risikos. Letztere kennen Sie zwar nicht, jedoch können lange historische Erkenntnisse als Orientierung dienen. Ab einer Dauer von ca. 12 Jahren haben sich Kursrisiken an den Aktienmärkten stets ausgeglichen. Die Rückkehr zum (steigenden) Mittelwert funktioniert.

Bezahlte Risiken können Sie in Kauf nehmen, wenn bei Eintritt die Höhe des Schadens für Sie zu verkraften ist (z. B. weil das Risiko nur gering im Verhältnis zu Ihrer Gesamtanlage ist).

Suchen Sie sorgfältig nach unbezahlten Risiken. Gehen Sie diese auf keinen Fall ein. Exakt aus diesem Grund habe ich Ihnen im Kapitel »Unvorteilhafte Produkte« von einigen Anlagevehikeln (wie z. B. Investment-Zertifikaten und geschlossenen Fonds) komplett abgeraten.

Wenn Risiken bezahlt werden, prüfe ich stets, ob die Risikoprämie in einem angemessenen Verhältnis zum möglichen Schaden steht. Ein Beispiel: 2 % Risikoprämie für eine bonitätsschwache Unternehmensanleihe genügen mir nicht. Denn bei einem Ausfall verliere ich 100 % und so müsste ich 50 (!) Jahre lang die zweiprozentige Prämie verdienen, nur um den Ausfall auszugleichen.

Praktische Umsetzungs-hilfen

Eines ist klar: Es gibt nichts Gutes, außer man tut es. In diesem Kapitel finden Sie praktische Anleitungen und Hilfen, wie Sie das Beste aus Geldanlage und Vorsorge in der Nullzinswelt machen. Sie erfahren unter anderem, wie Sie

- Ihre Finanzen und Vorsorge strategisch planen,
- Beratung finden, die Ihre Interessen verfolgt und nicht in reinem Produktverkauf endet,
- ein Online-Depot eröffnen,
- Kleinbeträge und Einmalbeiträge vorteilhaft anlegen,
- Kosteninformationen leichter verstehen,
- sich ein regelmäßiges Zusatzeinkommen schaffen,
- mit – oftmals – unvorteilhaften Altverträgen umgehen.

Die »Vom Keller zum Dach«-Strategie

In der aktuellen Nullzinswelt ist die Nach-Steuer-Realverzinsung der meisten Anlageprodukte negativ. Einfacher ausgedrückt: Nach Abzug von Inflation und Steuern machen Sie mit Ihrer Geldanlage Minus. Derzeit kommt es gar noch schlimmer, denn es drohen zunehmend negative Nominalzinsen, also ein Minus für Ihre Geldanlage noch vor Abzug von Inflation und Steuern. Ob es dann eine Steuererstattung geben wird?

Bis zum Herbst 2019 gab es für Privatanleger nur bei Staatsanleihen und Einlagen auf ein paar wenigen Bankkonten negative Zinsen. Doch dies scheint sich gerade zu ändern. Um Ihre Anlage- und Vorsorgeziele insgesamt trotzdem zu erreichen und Schadensminimierung zu betreiben, ist daher ein kreativ-planvolles Vorgehen erforderlich. Denn bei einem »Durchwursteln« oder hektischen Reagieren auf die Empfehlungen der Finanzpornografie werden Sie mit höchster Wahrscheinlichkeit unnötig Geld verlieren.

Kreativ-planvolles Vorgehen heißt hier keinesfalls, dass Sie akribisch genau planen, sondern eher

- grob vorausschauen (die Details können Sie ohnehin nicht planen),
- unterschiedliche Entwicklungsrichtungen und Szenarien erwägen,
- die Möglichkeit zunehmender Schwankungen der Kapitalmärkte in Betracht ziehen,

- sich auf das Auftreten von Extremszenarien vorbereiten und
- daher die Robustheit von Anlage und Vorsorge erhöhen.

Sie fragen skeptisch: »Geht das?« Meine Antwort: »Ja, das ist machbar!« – und zwar mit der »Vom Keller bis zum Dach«-Strategie, die Sie gleich kennenlernen werden. Sie bedeutet, dass Sie

- auf unterster Ebene (Fundament) Vorsorge gegen die schlimmsten aktuellen wirtschaftlichen Bedrohungen betreiben (und das meint keineswegs nur den Abschluss von Risikoversicherungen),
- danach (im Erdgeschoss) Ihre finanzielle Zukunft schrittweise verbessern und ausbauen und
- schließlich (Dachgeschoss) unter Beachtung Ihrer wirtschaftlichen Rahmenbedingungen eine möglichst weitgehende finanzielle Freiheit vorbereiten.

Der letzte Punkt umschreibt ein großes Ziel und es kann passieren, dass Sie aufgrund begrenzter Sparfähigkeit oder widriger Umstände im Erdgeschoss hängenbleiben. Dann wird Ihr Haus eben ein Bungalow. Jedoch haben Sie dann immer noch das Beste aus Ihrer Situation gemacht – finanziell sozusagen ein Dach über dem Kopf. Und Sie wissen sicher, dass Sie Ihre Ziele stets lieber eine Nummer zu groß als zu klein wählen sollten.

Bitte fragen Sie sich nicht bei jedem der folgenden Schritte, ob Sie das schon einmal gehört haben, sondern ob Sie das Wissen tatsächlich umsetzen und anwenden und nicht womöglich bei einem »Man müsste eigentlich ...« hängengeblieben sind. Sie wissen ja: Es gibt nichts Gutes – außer man tut es.

Schritt Nr. 1: Klären Sie Ihre Ausgangssituation

Zunächst geht es um eine vollständige und ungeschönte Bestandsaufnahme Ihres Ist-Zustands in Hinblick auf Geldanlage und finanzielle Vorsorge. Typischerweise legen Private im Laufe der Jahre ein buntes Sammelsurium unterschiedlicher Spar- und Vorsorgeprodukte an und verlieren irgendwann den Überblick darüber.

Da gibt es noch Sparbücher aus Kindheitstagen, die jahrelang nicht nachgetragen wurden, eine nach Wechsel des Arbeitgebers stillgelegte betriebliche Altersvorsorge, einen kleinen Riester-Vertrag, zwei Bausparverträge mit höchst unterschiedlichen Einzahlungsständen, ein Festgeldkonto, eine Lebensversicherung. Und schließlich ein ererbtes Wertpapierdepot mit teuren aktiven Mischfonds, windigen Zinsdifferenzzertifikaten und Banksparbriefen. Gleichzeitig läuft aber noch ein teurer Ratenkredit für die Wohnungseinrichtung. Und für das Auto wird eine monatliche Leasingrate abgebucht. Glauben Sie mir, das ist keine Übertreibung, sondern häufig anzutreffende Realität.

Eine Privatbilanz schafft Überblick

Mithilfe eines einfachen, aber höchst nützlichen Werkzeugs, der sogenannten Privatbilanz, verschaffen Sie sich schnell einen Überblick über Ihre »Pfründe«. Auch seriöse Honorarberater und die Verbraucherzentralen empfehlen Ihnen eine solche Tabelle. Die folgende Abbildung beruht auf einer eigens für diesen TaschenGuide angefertigten kleinen Excel-Datei, die Sie kostenlos auf meiner Webseite www.schließlich-ist-es-Ihr-Geld.de/Arbeitshilfen herunterladen und dann bequem mit Ihren individuellen Daten füllen können.

Auf der linken Seite der Privatbilanz stecken Ihr Vermögen, auf der rechten zunächst einmal Ihre Schulden. Die Differenz aus beidem ist Ihr Eigenkapital. Das Eigenkapital zeigt, wie hoch Ihre Reserven netto sind. Oder mit anderen Worten: was Ihnen noch bliebe, wenn Sie alle Schulden durch Auflösung von Vermögenspositionen zurückzahlten. Dieser Wert sollte möglichst größer als null sein – ist er das nicht, sind Sie überschuldet.

> Ihre Privatbilanz sollten Sie idealerweise einmal jährlich prüfen und aktualisieren. Ein paar Stunden in der ruhigen Zeit zwischen Weihnachten und Silvester bieten sich dafür besonders gut an. Dabei sehen Sie schon, ob sich Ihre Verhältnisse in die richtige Richtung weiterentwickeln – und Sie verlieren nie wieder den Überblick.

AKTIVA = Da ist Ihr Geld gebunden	PASSIVA = Da kommen Ihre Mittel her
kurzfristiges Geldvermögen	**Kurzfristige Verbindlichkeiten**
Barreserve Sichteinlagen Termineinlagen Spareinlagen Geldmarktkonten Sonstiges	Dispositionskredit Kreditkartenkonto Konsumentenkredit Leasing Privatkredit Sonstiges
mittel- und langfristiges Geldvermögen	**Langfristige Verbindlichkeiten**
Spareinlagen mit vereinb. Kündigung Bundesanleihen Geschäftsanteile Bausparverträge [aktuelles Guthaben] Lebensversicherung(en) [Rückkaufswerte]	Hypothekendarlehen Bauspardarlehen ... ...
kapitalisierte Renten- und sonstige Forderungen	**Kapitalisierte Verpflichtungen**
Barwert Altersrente Barwert betriebliche Altersversorgung	Unterhaltsleistungen ...
Konsum- /Sachvermögen	**Summe Fremdkapital = Summe kurz-/langfristige sowie kapitalisierte Verbindlichkeiten**
Immobilien [eigengenutzt] Kunst Schmuck Sonstige Wertgegenstände	
Sachvermögen ohne Konsumnutzung	**Ihr freies Eigenkapital (also Ihre Reserven) = Saldo aus Vermögen – Summe Fremdkapital**
Immobilie I [vermietet] Immobilie II [vermietet] Aktiendepot I Aktiendepot II Garten [verpachtet] Goldmünzen	**Informatorisch:** Eigenkapital ohne Barwerte Renten: Eigenkapital mit Barwerte Renten:
Summe Mittelbindung = Vermögen	**Summe Mittelherkunft = Schulden und Eigenmittel**

Privatbilanz

Exkurs: Wichtige Positionen außerhalb der Privatbilanz

Schauen Sie sich parallel ebenfalls jährlich Ihre sonstigen Verträge an, die nicht in der Privatbilanz auftauchen. Das sind z. B. **Versicherungspolicen ohne Sparcharakter** (BU, Haftpflicht, Kfz-Versicherung, Hausrat, Hundehaftpflicht etc.). Prüfen Sie, ob das alles noch benötigt wird oder z. B. der Dackel schon lange verstorben ist, während die Hundehaftpflicht noch munter weiterläuft.

Beim Tarifvergleich sollten Sie nicht nur auf den Beitragssatz, sondern gleichzeitig auch auf die versicherten Leistungen schauen: Was ist Ihnen in welcher Höhe wichtig?

Zu versichernde Risiken

Risiken, die zu existenziellen Vermögensverlusten für Sie führen können, sollten Sie – von Ausnahmen abgesehen – versichern. Hier sind insbesondere folgende Versicherungen wichtig.

- Private Haftplicht
- Krankenversicherung (einschließlich Pflegeversicherung), ggf. Auslandsreise-Krankenversicherung
- Berufsunfähigkeit (wenn nicht möglich, zumindest Erwerbsunfähigkeit oder Unfall)
- Risikoleben, solange Familienangehörige wirtschaftlich abhängig sind oder die selbstgenutzte Immobilie Restschulden hat
- Wohngebäude für Immobilieneigentümer
- Je nachdem, was Sie besitzen – und ob Sie damit andere schädigen können: Haftpflicht für Kfz, Tierhalter, Immobilien (auch Grundstücke), Bauherren, Öltankbesitzer, Berufshaftpflicht

Zu versichernde Risiken

- Hausrat nur bei höherem Wert Ihrer Möbel, Haushaltsgeräte usw. (Kontrollfrage: Bringt die Wiederbeschaffung mich um meine finanzielle Existenz?)
- Kfz-Vollkasko-/Teilkasko nur bei Neuwagen bzw. hochwertigen älteren Fahrzeugen
- Rechtsschutz, wenn überhaupt zu empfehlen, meist nur angemessen über spezielle Vereins-/ Gewerkschafts-Mitgliedschaften wie Auto, Beruf, Vermieter/Mieter

Alle anderen Risiken rechtfertigen allermeist keine Versicherung.

Übersicht der monatlichen Ein- und Auszahlungen: Auch diese stehen nicht in Ihrer Privatbilanz, da dort nur Bestandsgrößen erfasst sind. Ergänzend schauen Sie nun auf Ihre **Flussgrößen.** Das sind Zahlungen, die Ihnen zufließen oder von Ihrem Konto bzw. Ihren Konten abgehen. Manche Private führen dazu (zumindest phasenweise) ein Haushaltsbuch oder nutzen eine entsprechende Software. Diese sollte man jedoch nur als Offline-Version verwenden.

> Apps, die alle Zahlungsbewegungen (auch kontenübergreifend) zusammenfassen und nach beliebig vielen Kriterien strukturieren usw., kann ich allein denjenigen empfehlen, die über stark ausgeprägte exhibitionistische Neigungen verfügen. Natürlich werden Ihre Daten weiterverwendet und verwertet – wenn auch (angeblich) anonym. Und das nächste zuckersüße Unschuldsgesicht in den Medien, das zögerlich einräumt: »Ups, sorry – Ihre Daten wurden leider gehackt ...«, kann man sich schon heute vorstellen. Entscheiden Sie selbst.

Während jeder verantwortungsvolle Private jährlich eine kleine Privatbilanz erstellen sollte, braucht nicht jeder ein **Haushalts-**

buch. Zu empfehlen ist es aber sicher jenen, bei denen die Liquiditätssituation dauerhaft eng ist, die sich selbst immer mal wieder mit Spontankäufen überraschen oder denen es schwerfällt, den monatlichen Überblick über Einnahmen und Ausgaben zu behalten. Letztlich ist es mehr eine Frage des Typs als eine Frage des Haushaltseinkommens, ob Sie Ihr Einnahme-/Ausgabeverhalten einer stärkeren Selbstkontrolle unterziehen sollten. Und auch, wie detailliert die Übersicht Ihrer Einnahmen und Ausgaben dann sein soll.

Im Ergebnis sollten Sie wissen, was Sie regelmäßig sparen können (monatliche Sparfähigkeit). Positive Sonderfälle (z. B. Weihnachtsgeld, Jahresprämie, Einkommensteuerrückerstattung, Dividendenzahlungen) sollten zu Sonderersparnissen führen, um hieraus negative Sonderfälle (Kfz-Blechschaden, überraschende Reparaturen usw.) bezahlen zu können.

Noch zwei Überlegungen: Viele passen ihre Ausgaben ihren Einnahmen an. Sie geben also immer so viel aus, wie eben gerade da ist. Erhöhen sich ihre Einnahmen, bleibt trotzdem kein Plus am Monatsende, denn es steigen sofort auch die Ausgaben. Ein Sparbetrag bleibt nie übrig. Dabei wäre das bitter nötig. Diese Menschen sollten versuchen, ihre Ausgaben auf dem geringeren Level vor der Einkommenserhöhung zu halten. Sie haben ja gezeigt, dass das funktioniert. Außerdem könnten sie gleich am Anfang des Monats einen festgelegten Sparbetrag auf ein anderes Konto umbuchen. Auch das wird gehen – und ihre Sparfähigkeit unterstützen.

Schritt Nr. 2: Erkennen Sie Ihren Beratungsbedarf

Je nach Kindheitserfahrungen, Sozialisation und vielleicht auch bedingt durch unsere Gene sind wir hinsichtlich unseres Anlage- und Vorsorgeverhaltens sehr unterschiedlich. Dies hat mit der Nullzinswelt zunächst überhaupt nichts zu tun. Jedoch werden die Anforderungen an erfolgreiche Geldentscheidungen in einem solchen heiklen Umfeld immer schwieriger.

Grundsätzlich erscheinen zwei Vorgehensweisen erfolgversprechend: Entweder Sie entwickeln sich zum mündigen Selbstentscheider. Oder Sie holen sich externen Rat, der sich jedoch allein an Ihren Interessen orientieren sollte. Eine dritte sinnvolle Variante – nämlich die scheinbar kostenlose Verkaufsberatung von FPVs – gibt es nicht.

Welche Rolle passt zu Ihnen?

Ob zu Ihnen eher die Rolle des mündigen Selbstentscheiders oder des aufgeklärten Beratungskunden auf Augenhöhe passt, können Sie anhand des folgenden Checks für sich selbst beantworten. Kreuzen Sie diejenigen Fragen an, die Sie bejahen können. Dabei ist es wichtig, dass Sie realistisch antworten und weder der Gefahr der Selbstüberschätzung (vgl. Kapitel »Typische Anlegerfehler und wie Sie sie vermeiden«) unterliegen, noch Ihr Bild verzerren, um vor sich oder der Familie besonders gut dazustehen. Je ehrlicher Ihre Antworten sind, desto mehr nützt Ihnen diese kleine Fragerunde.

Beraten lassen oder selbst entscheiden? Der Check

- Macht es Ihnen Freude, sich um Ihre Finanzen selbst zu kümmern?
- Suchen Sie sich gerne die hierfür erforderlichen Informationen zusammen und lesen dafür auch schon mal einen Bericht, ein Heft oder ein Buch der Stiftung Warentest oder eines neutralen Experten?
- Sind Sie eher ein ordentlicher Mensch? Mit anderen Worten: Fällt es Ihnen leicht, den Überblick über Ihre Finanzen zu bewahren?
- Nehmen Sie sich gerne ein wenig Zeit für Ihre finanziellen Dinge?
- Verfügen Sie über Disziplin und Durchhaltevermögen?
- Sehen Sie sich selbst als Kopfmensch?
- Sind Sie in der digitalen Welt angekommen, haben keine Vorbehalte gegenüber Online-Banking und trauen sich auch zu, ein Online-Depot zu »bedienen«? Oder tun dies bereits?
- Behalten Sie auch bei Rückschlägen oder in Krisensituationen die Nerven?

Je mehr Kreuze Sie gesetzt haben, desto mehr tendieren Sie in Sachen Finanzen zum Typ des mündigen Selbstentscheiders. Je weniger Kreuze Sie gesetzt haben, desto eher ist eine persönliche Beratung für Sie sinnvoll. Jedoch ist es nicht zwingend so, dass Sie grundsätzlich und über alle Anlage- und Vorsorgethemen hinweg ein mündiger Selbstentscheider oder ein Beratungskunde auf Augenhöhe sind. Vielmehr kann es auch sein, dass Sie bei einigen dieser Themen gut selbst entscheiden können, sich bei anderen dagegen besser beraten lassen.

Die wesentliche Frage lautet hier jeweils: Ist es realistisch, dass Sie sich bei der anstehenden Anlage- oder Vorsorgeentscheidung ohne fremde Hilfe in angemessener Zeit ausreichendes Wissen für eine vorteilhafte Entscheidung aneignen können? Es existieren nämlich Problemstellungen, bei denen es für einen Laien realistischerweise schwierig bzw. unmöglich ist, sich mit vertretbarem Aufwand wirklich sachkundig zu machen (z. B. betriebliche Altersvorsorge, private Krankenversicherung, Berufsunfähigkeitsschutz oder Abschluss einer Netto-Fondspolice).

RoboAdvisor als Problemlösung?

Es gibt Situationen, in denen Private grundsätzlich keine persönliche Beratung wünschen, jedoch für ganz spezielle Fragestellungen trotzdem fachliche Unterstützung und Entscheidungshilfen benötigen. Für diese Fälle sind mittlerweile sogenannte RoboAdvisor-Applikationen entwickelt worden. In diesen Anwendungen erhalten Sie automatisierte Beratung durch Roboter und Expertensysteme. Bei kritischer Sichtweise muss man jedoch sagen, dass viele dieser Angebote noch in den Kinderschuhen stecken. Zum Teil sind die Algorithmen, die diesen Programmen zugrunde liegen, zu einfach und undifferenziert. Sie kommen somit beispielsweise trotz unterschiedlicher Dateneingaben zu nahezu identischen Empfehlungen. Andere RoboAdvisor stellen zu hohe Anforderungen an Vorverständnis und Problemdefinition des Anwenders. Kunden, die hier passen müssen, können keinen adäquaten Nutzen aus den Applikationen ziehen. Und Kunden, die all die geforderten Daten korrekt eingeben können, können meist auch das Problem alleine lösen. Doch die Entwicklung der RoboAdvisor schreitet rasch voran. Bereits in naher Zukunft könnten sie sowohl für breitere Kundenschichten als auch für eine größere Zahl von Problemstellungen eine Lösung sein.

Persönliche Beratung

Persönliche Beratung kostet zwar Geld. Wenn sie jedoch in Ihrem Sinne stattfindet, d.h. sie Ihre Ziele und Interessen vertritt und die Beratungsqualität stimmt, dann ist sie auch ihr Geld wert.

Seit dem Kapitel »Interessenkonflikte im Vertrieb von Finanzdienstleistungen« wissen Sie: Wer Sie kostenlos »berät«, ist ein Verkäufer! Ein Finanzprodukteverkäufer muss zwingend seine eigenen Interessen oder die seines Arbeitgebers oder Produktgebers vertreten – was in vielen Situationen Ihren Zielen schadet. Wenn Sie also Beratung benötigen, so sollte Ihr Berater frei von Eigeninteresse durch Provision sein und als Ihr »Finanzanwalt« und Sachverständiger auftreten. Wie Sie einen solchen **Berater** finden, lesen Sie im Kapitel »Nützliche Beratung finden«.

Neutrale persönliche Beratung erhalten Sie gegen Entgelt auch bei einer der 16 **Verbraucherzentralen** der Bundesländer. Jede Verbraucherzentrale hat wiederum mehrere Beratungsstellen. Hier werden Sie telefonisch, per E-Mail oder persönlich vor Ort beraten.

Schritt Nr. 3: Werden Sie sich über Ihre Finanz- und Vorsorgeziele klar

Ein bekannter deutscher Konzernlenker sagte einmal, man solle nie den ersten Schritt tun, solange man sein Ziel nicht klar vor Augen hat. Dies ist ein schönes Idealbild. In Wirklichkeit sehen sich die meisten Privaten jedoch vielen offenen Rahmenbedingungen und Optionen gegenüber, die einer klaren vorherigen Zieldefinition entgegenstehen. Für sie gilt notgedrungen eher: »Der Weg entsteht beim Gehen«, und: »Hauptsache, überhaupt erst mal anfangen«.

BEISPIEL: UNTERSCHIEDLICHE WEGE

Während die 35-jährige Gymnasiallehrerin, die leidenschaftlich gerne ihren Beruf ausübt und sich nichts anders vorstellen kann, mit hoher Wahrscheinlichkeit eine gut planbare Erwerbsbiografie vor sich hat, gilt dies für ihre ehemalige Schulkollegin nicht. Denn diese war trotz erstklassigem Abschluss ihres Modedesign-Studiums erst einmal arbeitslos und dann nach einem »Goldenen Pitch« plötzlich gut bezahlte Art-Direktorin in Berlin. Im Augenblick arbeitet sie für ein französisches Modelabel in Hongkong. Und morgen kann sie entweder die nächste Karrierestufe erklommen haben, oder wieder arbeitslos sein. Klar ist: Beide Frauen haben sehr unterschiedliche Voraussetzungen für ihre Planungen. Während die Lehrerin bei ihrer Geldanlage stärker auf Rendite und steuerliche Vorteile schauen sollte, muss die Art-Direktorin mehr auf die Flexibilität und Robustheit ihrer finanziellen Vorsorge achten.

Gut planbar oder schlecht vorherzusehen?

Machen Sie sich klar, wie gut oder schlecht planbar Ihre Anlage- und Vorsorgeziele in Ihrer Situation sind. Die folgenden sechs Überlegungen helfen Ihnen dabei:

1. Wo stehen Sie im beruflichen Lebenszyklus (eher Azubi/Studierender oder eher kurz vor/in der Rente)? Je später im be-

ruflichen Lebenszyklus Sie sich befinden, desto besser ist die Planbarkeit.

2. Wie stabil und verbindlich ist Ihre familiäre Situation? Je stabiler diese ist, desto besser ist die Planbarkeit.
3. Als wie stabil und beständig schätzen Sie Ihre Erwerbsbiografie ein? Je weniger Auszeiten oder Gehaltseinbrüche drohen, desto besser ist die Planbarkeit.
4. Wie abhängig sind Sie von der beruflichen Entwicklung Ihrer Partnerin/Ihres Partners? Je weniger abhängig Sie davon sind, desto besser ist die Planbarkeit.
5. Wie hoch sind die Anforderungen an Ihre räumliche Flexibilität durch Ihren aktuellen Arbeitgeber, Ihre Funktion bzw. die Branche? Je geringer, desto besser die Planbarkeit.
6. Wie schätzen Sie sich selbst ein – eher Tendenz zu Sprunghaftigkeit, Unbeständigkeit, Wechselfreude oder zu Ausdauer und Kontinuität? Je beständiger Sie sind, desto besser ist die Planbarkeit.

Je intensiver Sie sich mit diesen Fragen beschäftigen, desto eher bekommen Sie ein Gefühl dafür, wie gut oder schlecht planbar Ihre finanzielle Zukunft ist. Und davon hängt wiederum ab, ob Sie primär langfristig, d. h. rendite- und steueroptimierend anlegen können, oder ob Sie vorrangig auf Flexibilität Wert legen und sowohl langfristige Bindungen als auch Kosten vermeiden sollten.

Ihre konkreten Anlage- und Vorsorgeziele

Was bedeuten Geldanlage und Altersvorsorge konkret und individuell für Sie? Was wollen Sie in finanziellen Dingen – und was wollen Sie nicht? Welche ganz konkreten finanziellen Ziele haben Sie?

Basis Ihrer Zieldefinition ist die bereits geleistete Bestandsaufnahme (Privatbilanz sowie Einnahmen/Ausgaben-Zusammenstellung). Nachfolgend ein paar Beispiele, wie konkret formulierte Anlage- und Vorsorgeziele aussehen könnten.

BEISPIELE: KONKRETE ZIELFORMULIERUNGEN

Nächstes Jahr um diese Zeit möchte ich meine Konsumschulden abbezahlt haben.

Heute in zwei Jahren werde ich eine Liquiditätsreserve (Notgroschen) von 8.000 Euro aufgebaut haben.

Ich möchte ein Eigenheim. Spätestens mit 58 soll es abbezahlt sein.

Ich möchte genug Rücklagen haben, dass ich mit 60 in Rente gehen kann. Um im Ruhestand klarzukommen, benötige ich 2.500 Euro im Monat. Gemäß Rentenauskunft kann ich eine monatliche Rente in Höhe von 1.800 Euro erwarten. Auf Basis heutiger Kaufkraft bedeutet das ein erforderliches zusätzliches Einkommen pro Monat in Höhe von 700 Euro.

Ich möchte meinen beiden Kindern zum 20. Geburtstag jeweils eine Starthilfe von 100.000 Euro zukommen lassen. Das wird in 11 bzw. 13 Jahren sein.

Ich brauche kein Wohneigentum, sondern möchte stets räumlich mobil sein und unterschiedliche Länder und Kulturen kennenlernen. Um mich finanziell frei und beruflich nicht erpressbar zu fühlen, benötige ich mindestens 500.000 Euro. Diese sollen langfristig und rentabel für mich arbeiten.

In vier Jahren möchte ich meinen Meisterbrief erwerben. Dafür brauche ich 10.000 Euro, die ich bis dahin anspare.

Exkurs: Besonderheiten für Frauen?

Frauen und Finanzen – gibt es da Besonderheiten? Aus meiner Sicht viel weniger, als aktuell herbeigeredet wird. Nahezu alles, was in den typischen »Frau für Frau«-Ratgebern steht, würde Männern ebenso nutzen. Unterschiede – stetig sinkend – bestehen insbesondere in der Ausgangssituation von Frauen und Männern. Frauen haben im Schnitt ein geringeres Erwerbseinkommen und kürzere bezahlte Arbeitszeiten (längere berufliche Auszeiten, Arbeiten in Teilzeit) als Männer. Wer weniger Erwerbseinkommen hat, kann wahrscheinlich auch nur weniger sparen und für Geldanlage und Altersvorsorge investieren – und hat mithin im Alter ein schmaleres finanzielles Polster. Zu einer fairen Bewertung der tatsächlichen Situation müssten jedoch auch die gegenseitigen Ansprüche auf Alterseinkünfte und Versorgungsleistungen (im Fall von Scheidung oder Tod) zwischen Frauen und Männern einbezogen werden, was gerne vergessen wird.

Daher gilt für Frauen wie für Männer: eine gute Bildung anstreben, nicht unter Wert verdienen, die Ausgaben prüfen und Konsumfallen vermeiden. Und gegebenenfalls das eigene Einkommen erhöhen (mehr Netto vom Brutto, mehr arbeiten, andere Stelle/Branche wählen, sich nicht die Arbeitsfreude oder das soziale Engagement vom Gehalt abziehen lassen, Nebenberuf oder Selbstständigkeit anstreben, auch zeitweise etc.).

Es ist unerlässlich, dass Frauen und Männer (ihre) Geldanlage und finanzielle Vorsorge losgelöst vom Partner selbst verstehen und überblicken – auch wenn sie sich vielleicht nicht so gern damit beschäftigen oder es der Partner lieber tut. Ich kenne übrigens genügend Beispiele, in denen es gerade umgekehrt ist. Alter, berufliche und familiäre Situation – all diese Umstände sollten Männer wie Frauen jeweils für sich selbst betrachten. Krankheit, Tod, Trennung, Scheidung, Arbeitslosigkeit können aus einem Team einen Einzelspieler machen oder das Leben von Grund auf ändern.

Einen kleinen psycho-*logischen* Unterschied gibt es aber doch – und er hat sogar erhebliche Auswirkung in der Nullzinswelt: Frauen sind bei Geldanlagen tendenziell ängstlicher und zögerlicher als Männer. Das haben viele Studien nachgewiesen. Aus der Angst vor Kursverlusten parken sie daher auch Geld, welches über die Liquiditätsreserve hinausgeht, in vermeintlich sichereren Anlagen (Sparbuch, Tagesgeld, Festgeld, Anleihen). Oder sie belassen es gleich auf dem Girokonto und schieben Anlage- und Vorsorgeentscheidungen auf. Daher werden Frauen von der Nullzinswelt noch stärker geschädigt als Männer, obwohl die Anlagemöglichkeiten die gleichen sind. Der Kapitalmarkt tickt für beide Geschlechter gleich. Oder, wie es eine geschätzte Fachkollegin formulierte: Frauen benötigen keine rosaroten Anlagen. Wer diese anbietet und bewirbt, handelt, Sie ahnen es schon, wahrscheinlich aus Eigeninteresse.

Schritt Nr. 4: Portfoliostrategie festlegen und Anteile definieren

Sicher haben Sie schon davon gehört, dass Sie durch Aufteilung Ihrer Anlagen das Risiko von Wertschwankungen und die Auswirkungen von Ausfällen einzelner Positionen senken können. Das nennt man Risikostreuung oder in der Fachsprache: Diversifikation.

Wer gut streut, der rutscht nicht!

Risikostreuung ist mehr als einfache Risikoteilung. Denn sie nutzt den Zusammenhang, dass sich einzelne Anlagen oftmals gegensätzlich verhalten, z. B. Verluste einer Anlage tendenziell mit Gewinnen einer anderen einhergehen. Dieser Zusammenhang wird als negative Korrelation bezeichnet. Diese ist nicht garantiert und kein Naturgesetz. Gleichwohl zeigen viele Untersuchungen und die langjährige Erfahrung, dass Risikostreuung grundsätzlich funktioniert und das Gesamtrisiko eines nach diesen Grundsätzen aufgebauten Portfolios niedriger ist als die Summe seiner Einzelrisiken.

Auf diesen Überlegungen bauen die folgenden Empfehlungen auf. Quasi als Quintessenz enthalten sie drei wesentliche Botschaften:

1. Sie können über verschiedene Anlageklassen hinweg streuen und damit Ihr Risiko senken.
2. Vollständig wird Ihr Portfolio erst, wenn Sie zu den bestehenden Anlagen sowohl Ihr zu erwartendes Lebenseinkommen als auch Ihre zu erwartenden Renten- bzw. Pensionsansprü-

che hinzufügen. Denn in Wahrheit sind Ihre finanziellen Reserven lediglich ein Teil Ihres gesamten Lebensportfolios. Für Erwerbs- und Ruhestandseinkünfte genügt dabei eine ganz grobe Abschätzung.

3. Sie können darüber hinaus auch innerhalb jeder Anlageklasse streuen. Und damit Ihr Risiko nochmals senken.

Risikostreuung über verschiedene Anlageklassen hinweg

Risikostreuung über mehrere Anlageklassen hinweg bedeutet, dass Sie Ihr Vermögen planvoll verteilen, z. B. in eine Liquiditätsreserve in Euro, Staatsanleihen in ausländischen Währungen, Aktien oder Aktien-ETFs, Gold und eventuell auch Immobilien und sonstige Anlageklassen. Nachstehend sehen Sie die anonymisierte, aber ansonsten völlig unveränderte Darstellung zweier realer Portfolios, in denen die Streuung unterschiedlich gut gelungen ist.

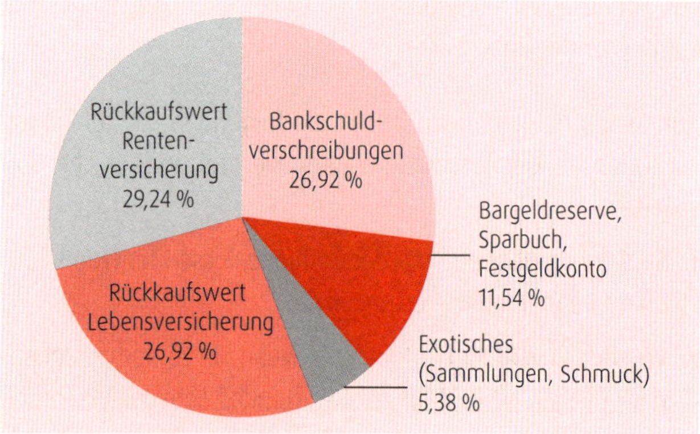

Depot-Aufteilung von Inge

Bei **Inge** ist ihre hohe Spardisziplin anerkennenswert und dass sie keinerlei Schulden hat. Selbst ihr Auto ist nicht geleast, sondern aus Ersparnissen voll bezahlt. Aber Inges Portfolio ist weder risikoarm noch renditestark. Ihnen fällt wahrscheinlich sofort auf, dass Inge nahezu ausschließlich in Geld und geldnahen Anlagevehikeln investiert ist. Gerade mal gut 5 % ihres Vermögens (Kunst, Schmuck) sind nicht der Inflation ausgesetzt. Und dabei handelt es sich auch noch um schlecht liquidierbare Exoten. Inge hat nicht risikosenkend zwischen Anlageklassen gestreut. Zudem wird ihr Portfolio in der Nullzinswelt eine sehr magere Rendite bringen, da ein angemessener Aktienanteil fehlt. Wenn man Wunder ausschließt, wird Inge ihren Kaufkraftverlust durch Inflation nicht ausgleichen können.

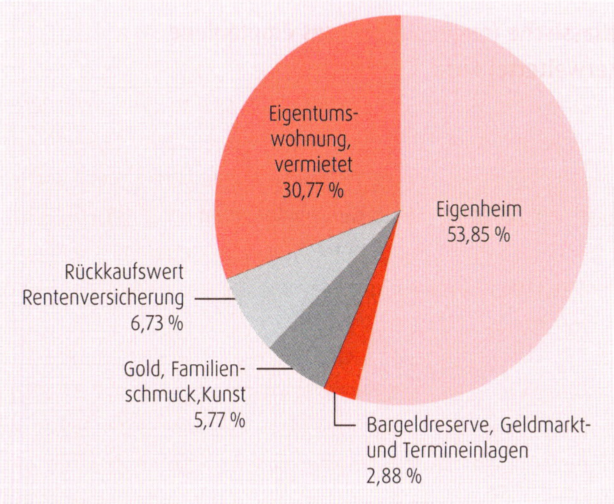

Depot-Aufteilung von Kurt

Bei **Kurt** sieht es anders aus. Hier dominiert das Immobilienvermögen. Von Kurts Bruttovermögen von 520.000 Euro stecken allein 440.000 Euro oder 85 % in dieser einen Anlageklasse, konkret in zwei Immobilien. Dieser Schwerpunkt wird zudem noch durch langfristige Immobiliendarlehen in Höhe von 220.000 Euro verstärkt. Wenn in Kurts Berufs- und Privatleben keine bösen Überraschungen eintreten, wird er diese Verbindlichkeiten vor dem geplanten Ruhestand zwar abgebaut haben. Seine Entscheidung für das Eigenheim im ländlichen Raum ist akzeptabel. Die zweite, vermietete Immobilie führt jedoch angesichts des Gesamtvermögens zu einer nicht empfehlenswerten Ballung dieser einen Anlageklasse. Außerdem wirkt der völlige Verzicht auf die Anlageklasse Aktien renditemindernd.

Klassische (enge) Sicht versus empfohlene (erweiterte) Sicht

Die meisten deutschen Privatanleger sparen oder investieren situativ und folgen dabei einfachen Regeln oder Glaubenssätzen (Sparbuch ist sicher, Aktien sind Spielbank). Sie kommen nicht auf die Idee, ihre gesamten Reserven unter dem Gesichtspunkt eines Portfolios zu betrachten. Demgegenüber ist die Arbeit mit »Kuchendiagrammen«, wie sie oben dargestellt sind, schon ein Fortschritt.

Trotzdem geht es noch besser, nämlich wenn Sie den Kopf heben und Ihren Blickwinkel erweitern: weg vom engen Fokus auf reine Anlagen hin zur Miteinbeziehung von Ansprüchen und Anwartschaften, die Ihnen zustehen (werden). Gemeint sind die Barwerte von noch zu erwartenden Lebenseinkommen einerseits sowie Alterseinkünften andererseits. Beides erscheint rein von den abzuschätzenden Zahlen her schwierig. Aber es geht hier überhaupt nicht um exakte Werte – grobe Größenordnungen genügen völlig.

BEISPIEL: CHANTAL

Die erfolgreiche Biologin Chantal hat es schon mit 37 Jahren auf den Posten einer gut bezahlten Abteilungsleitung bei einem global tätigen Chemieunternehmen geschafft. Da sie keine silbernen Löffel entwenden wird, darf sie (ohne Inflationsanpassung) bei intakter Berufsfähigkeit mit weiteren 30 Jahren Arbeitseinkommen und einer lebenslangen Altersversorgung (gesetzliche Rente plus betriebliche Altersvorsorge, Erwartung zwischen 25 und 30 Jahren Rentenbezugsdauer) rechnen.

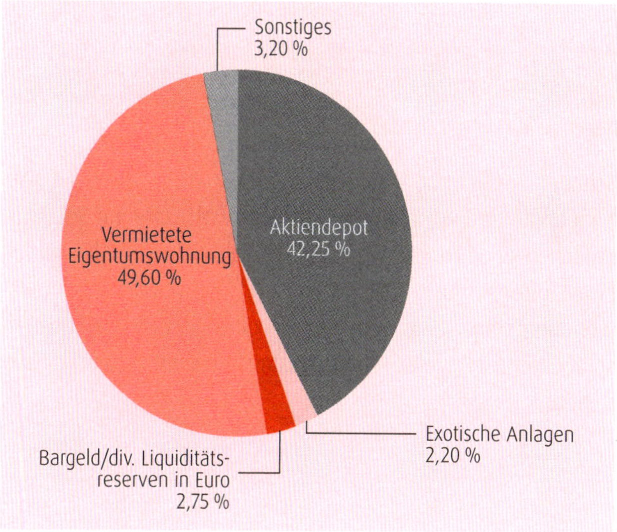

Depot-Aufteilung von Chantal, enge Sicht

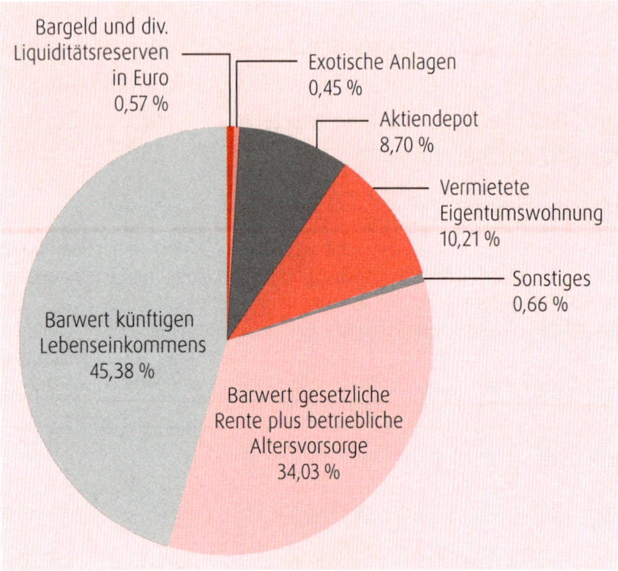

Depot-Aufteilung von Chantal, weite Sicht

Schauen Sie sich die Anteile der beiden Portfoliobausteine »Aktiendepot« und »vermietete Eigentumswohnung« im Vergleich zwischen enger und erweiterter Portfoliosicht von Chantal an. Es ist offensichtlich, dass Aktien und vermietete Eigentumswohnung stark übergewichtet erscheinen, wenn man im Beispiel Chantals Erwerbs- und Ruhestandseinkünfte nicht berücksichtigt.

> Ihre Erwerbs- und Ruhestandseinkünfte stellen in der Regel wichtige und auch vom Volumen her bedeutsame Anlageklassen dar, die Sie in die Betrachtung Ihrer Vermögensaufteilung unbedingt einbeziehen sollten. Dies bedeutet z. B. auch, dass Menschen mit Ansprüchen auf weitgehend sichere Alterseinkünfte ihre restlichen Reserven offensiver anlegen dürfen (also höherer Aktienanteil) als Menschen ohne diese Alterseinkünfte (wie z. B. Selbstständige).

Risikostreuung innerhalb einer Anlageklasse (am Beispiel Aktien)

Wenn Sie über die Verteilung Ihrer Reserven auf verschiedene Anlageklassen entschieden haben (Grobschliff), können Sie in einigen von diesen an den Feinschliff gehen. Durch kluges Streuen innerhalb der Anlageklasse können Sie Ihr Risiko nämlich noch weiter senken. Bei manchen Anlageklassen ist dies wenig relevant. Zum Beispiel gibt es innerhalb der Anlageklasse Gold keine sinnvollen Diversifikationsvorteile – Sie könnten lediglich zwischen physischem und virtuellem Gold aufteilen (siehe hierzu Kapitel »Gold«). Auch bei direktem Immobilienbesitz kommt eine Streuung kaum infrage – hier sind die Einzelbeträge so hoch, dass nur wenige extrem Gutbetuchte an eine Risikoverteilung über viele Immobilienobjekte hinweg denken können.

Anders ist es bei der Anlageklasse Aktien. Sehen wir uns dort eine mögliche Streuung innerhalb dieser Klasse anhand eines Beispiels mal näher an.

BEISPIEL: BODO

Bodo ist ein vermögender langjähriger Mitarbeiter der BASF. Durch einen mittlerweile beträchtlichen Bestand an BASF-Mitarbeiteraktien hat Bodo hier ein Klumpenrisiko aufgebaut – mal davon abgesehen, dass er von seinem Arbeitgeber BASF auch seinen Lohn erhält. Wir betrachten hier nur Bodos **Aktiendepot**. Die BASF-Aktie repräsentiert die Branche »Chemie«, stellt eine volumenstarke Aktie (Large Cap) dar und ist ein reiner Substanzwert (Value Stock, Gegenteil von Wachstumswert). Der regionale Aspekt (Stammsitz in der Eurozone) soll unbeachtet bleiben, da die BASF als global tätiges Unternehmen sowohl Produktionsstandorte als auch Lieferanten und Kunden auf der ganzen Welt besitzt.

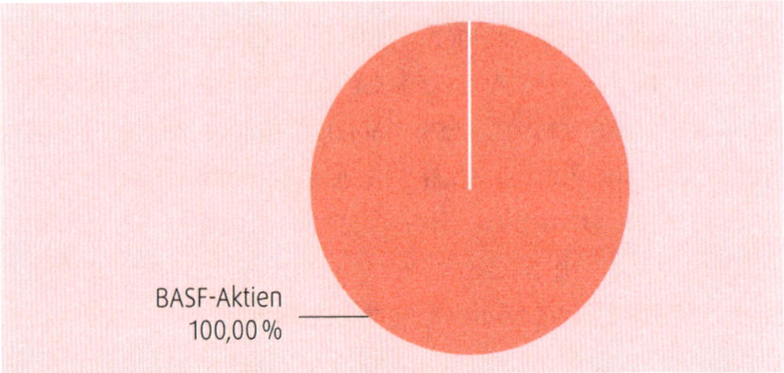

Ursprüngliche Depot-Aufteilung von Bodo

Erkennbar ist, dass Bodo das Klumpenrisiko der BASF-Aktie durch »Gegengewichte« relativieren kann. So wurde das Risiko durch zusätzliche Positionen anderer Branchen (nicht Chemie) und Unternehmensgrößen (z. B. Small Cap) sowie Wachstumswerte gesenkt. Damit sinkt der Anteil seiner BASF-Aktien auf 13 %, der Anteil der anderen Aktien steigt auf 87 %.

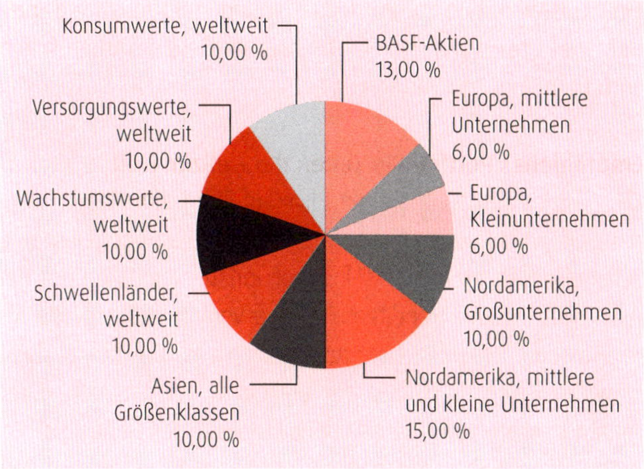

Neue Depot-Aufteilung von Bodo

Die Frage ist nur, woher Bodo die für den Erwerb der 87 % notwendigen liquiden Mittel bekommt. Entweder hat er die irgendwo parat – was erstaunlich wäre –, oder er müsste 87 % seiner BASF-Aktien veräußern, um die Mittel zu beschaffen. Soweit die Haltedauer abgelaufen ist, könnte er dies tun. Würde er sich von seinem ursprünglichen Klumpenrisiko »BASF-Mitarbeiteraktie« ganz trennen können, ließe sich mit einem einzigen global und maximal diversifizierenden ETF schon eine sehr brauchbare Risikostreuung erreichen – und mit maximal drei bis fünf ETFs zusätzlich auch Sonderwünsche bzw. Kostenoptimierungen ermöglichen.

Ein Excel-Werkzeug zur Portfolio-Planung steht Ihnen auf meiner Website www.schließlich-ist-es-Ihr-Geld.de/Arbeitshilfen zum Download zur Verfügung.

Empfohlenes Portfolio in Zeiten der Nullzinswelt

Die Nullzinswelt stellt Sie mit Blick auf Ihre Geldanlage und finanzielle Vorsorge vor besondere Herausforderungen. Einzelne Anlageklassen erbringen selbst vor Inflation und Steuern gar nur noch negative Renditen. Für eine verantwortungsvolle Altersvorsorge scheiden sie grundsätzlich aus. Da die relativen Gewichte, also die Größe der einzelnen Kuchenstücke Ihrer Anlageklassen, von Ihrem Lebensalter und der Höhe Ihrer Erwerbs- bzw. Ruhestandseinkünfte abhängen, werden im Folgenden lediglich empfehlenswerte und eher nicht empfehlenswerte Anlageklassen unterschieden. Der zugrundeliegende Anlagehorizont der Empfehlung beträgt zehn Jahre oder mehr. Reserven mit kürzerem Anlagehorizont sollten Sie als Liquiditätsreserve sicher und flexibel parken, auch wenn Sie hierfür nur minimale Zinsen erzielen.

In der Nullzinswelt grundsätzlich empfehlenswerte Anlageklassen

- **Bargeld** (es ist zwar renditelos, aber als **Liquiditätsreserve** und zur Sicherung Ihrer Handlungsfähigkeit notwendig)
- **Tages- und Festgelder** (sie sind zwar nahezu renditelos, aber im Rahmen der europäischen Einlagensicherung bis 100.000 Euro pro Einleger und Institut ziemlich sicher)

- **Aktien** (am besten breit diversifiziert und kostengünstig über **ETF**)
- **Immobilien**
- **Gold** (nur eingeschränkt auch andere Edelmetalle)
- **Erstklassige Staatsanleihen außerhalb der Eurozone** (Verminderung des »Klumpenrisikos« Euro)

Im Einzelnen informieren Sie sich jeweils im Kapitel »Gute Produkte«.

In der Nullzinswelt grundsätzlich nicht empfehlenswerte Anlageklassen

In der Nullzinswelt gelten für alle Beteiligten völlig neue Spielregeln. Was über lange Zeiträume funktionierte und gültig war, muss nicht weiterhin funktionieren. Ein simples »Weiter so« ist daher nicht der richtige Weg.

Auch wenn belastbare Erfahrungen fehlen, möchte ich Ihnen auf Basis von aktuellen Fakten, Logik und Plausibilität die Anlageklassen nennen, **von denen ich** persönlich in der Nullzinswelt konsequent **die Finger lasse:**

- **Euro-Staatsanleihen** (Chancen-Risiken-Verhältnis ungünstig, bei Anleihen der Bundesrepublik Deutschland erhebliche Minusverzinsung, bei Anleihen von Euro-Krisenstaaten wie Italien unbefriedigende Mehrverzinsung für erhebliches Ausfallrisiko)

- **Sonstige Euro-Anleihen** (wie Unternehmensanleihen, Hochzinsanleihen etc.), denn durch massenhafte »Flucht« in solche Titel mit noch positiver Rendite existiert gegenwärtig eine große Anleiheblase, die keineswegs auf den Euroraum beschränkt ist – also warne ich auch vor Unternehmensanleihen oder Hochzinsanleihen in anderen Währungen. Einzig erstklassige Staatsanleihen von Ländern außerhalb der Eurozone bleiben von meinem Bann verschont.
- **Rohstoffe** (wegen der Komplexität und Intransparenz der jeweiligen Märkte sowie wegen der »Haltekosten«, die wie ein ständiger Gegenwind wirken)
- **Diamanten** (wegen Intransparenz des Marktes und schlechter Veräußerbarkeit sowie ernstzunehmender Gefahr der Marktmanipulation)
- **Exotische Sachanlagen** (wegen schwieriger Verwertbarkeit, hoher Transaktionskosten und großer Spannen zwischen An- und Verkaufspreisen). Ausnahmen sehe ich lediglich, wenn Sie Expertise und Leidenschaft für eine exotische Sachanlage besitzen. Meine persönlichen Erfahrungen mit teurem Rotwein waren extrem schlecht – er wurde immer weniger ...
- **Kryptowährungen** (wie z.B. den Bitcoin), da ich diese primär als Spekulationsobjekt erlebe und sowohl Handelnde als auch die Spielregeln nicht einschätzen kann. Zudem bin ich davon überzeugt, dass die Zentralbanken Kryptowährungen verbieten werden, sobald die Kids aus der Spielecke herauskommen und mit am Tisch der Erwachsenen sitzen wollen.

Im Einzelnen informieren Sie sich jeweils im Kapitel »Unvorteilhafte Produkte«.

Nützliche Beratung finden

Wer Sie in finanziellen Geldanlage- und Vorsorge-Angelegenheiten berät, sollte kompetent und ehrlich sein und auf Ihrer Seite stehen. Im besten Fall wird dies ein **einkaufsorientierter Berater** sein, d.h. einer, der Sie bei der Beschaffung individuell passender Finanzdienstleistungen oder Vorsorgekonzepte unterstützt. Der Begriff »einkaufsorientierte Unterstützung« bei Finanzdienstleistungen geht übrigens auf den Honorar-Finanzanlagenberater *Gabriel Hopmeier* zurück, der in der Branche als ein Pionier seriöser Honorarberatung gilt. Indes sind (noch) über 95 % aller Finanzberater verkaufsorientierte Berater, also **Verkäufer** oder kurz gesagt **FPVs.** Über den unweigerlich daraus resultierenden Interessenkonflikt zwischen verkaufsorientierten Beratern und Kunden und die fatalen Folgen haben Sie bereits im Kapitel »Interessenkonflikte im Vertrieb von Finanzdienstleistungen« gelesen.

> Der Mehrwert einer persönlichen Beratung ergibt sich aus folgender Formel: **Fachliche Kompetenz x Ehrlichkeit, Ethos und Vertretung Ihrer Interessen.** Beachten Sie das Multiplikationszeichen. Wenn einer der beiden Faktoren gering oder null ist, dann wird auch der Mehrwert gering oder null sein.

Rechtsanwälte und Steuerberater beispielsweise sind Zwangsmitglieder einer Kammer und unterliegen Standesregeln. Wenn ein Kammermitglied sich eines erheblichen Verstoßes gegen diese Standesregeln schuldig macht, wird er aus der Kammer ausgeschlossen – was einem Berufsverbot gleichkommt. Ganz anders ist es in der Finanzberatung: Dieser Berufsstand ist nicht »verkammert«. Selbst Träger einer hohen formalen Qualifikation, wie die des Certified Financial Planner (CFP®), haben lediglich in einer Prüfung ihre fachliche Kompetenz (Sachkunde) nachgewiesen. Fehlt es einem CFP® jedoch an Berufsethos, so kann er – z. B. aus finanziellem Eigeninteresse – seinen Kunden sehr unvorteilhaft und bis in den wirtschaftlichen Ruin »beraten«. Das Gütesiegel CFP® kann ihm trotzdem nicht entzogen werden.

Doch wie finden Sie heraus, welcher Berater für Sie der richtige ist? Was müssen Sie erfragen bzw. herausfinden?

Fachliche Kompetenz

Beratung zu Finanzdienstleistungen wird im Wesentlichen auf drei Gebieten erbracht:

- Wertpapier- und Geldanlage
- Versicherungen einschließlich Altersvorsorge
- Immobilienkredit- und Finanzierungsgeschäfte

Finanzdienstleister werden dabei fachlich durch die Bundesanstalt für Finanzdienstleistungen (BaFin) oder eine Industrie- und Handelskammer (IHK) beaufsichtigt. Am besten, Sie schauen ins Impressum der Webseite des Beraters – hier müssen die

Berater ihre entsprechende Zulassung angeben. Eine Zulassung allein ist allerdings noch keine Sicherheit für hohe Fachkompetenz, sondern vermag bestenfalls die schwärzesten Schafe mit einschlägigen Verfehlungen auszusortieren. Also sollten Sie zusätzlich unbedingt folgende Punkte hinterfragen.

Berufserfahrung, Qualifikation und Vita

Natürlich muss jeder mal anfangen, aber einen gewissen Branchenhintergrund sollte Ihr Berater schon haben. Oder würden Sie sich – selbst bei einer harmlosen Blinddarmoperation – einem Arzt anvertrauen wollen, für den Sie der erste Patient sind?

Während branchennahe Vortätigkeiten positiv zu bewerten sind, dominieren – gerade in größeren Unternehmensstrukturen – »Berater«, die aus völlig anderen Branchen kommen und erst kürzlich in die Finanzberatung gewechselt sind. Häufig geschieht dies aus gesundheitlichen Gründen (der Bäcker mit Mehlallergie oder die Friseurin, die die Zusätze aus Färbemitteln nicht mehr verträgt) oder in der Hoffnung, leichter mehr Geld zu verdienen (ehemalige Polizisten, Verkäuferinnen, Briefträger – lächeln Sie nicht, das ist ernste Realität).

Spezialisierung

Auch das Feld der privaten Finanzberatung ist zwischenzeitlich facettenreich geworden und niemand kann alles wissen. Gleichwohl kann ein erfahrener Berater einen erheblichen Teil (sagen wir mal ungefähr 80 %) der Fragestellungen des durchschnittlichen Privatkunden abdecken. Wenn Ihr Gegenüber alles selbst und alleine kann und behauptet, sich überall auszukennen, dann ist Vorsicht angebracht. Seriöse Berater werden Ihnen sagen, dass sie auf diesen oder jenen Bereich spezialisiert sind. Sie werden Ihnen von bestimmten Vehikeln klar abraten und es auch ablehnen, zu diesen zu beraten. Bei anderen Bereichen, die prinzipiell infrage kommen, jedoch außerhalb ihres Kompetenzkreises liegen, werden sie Kontakt zu Netzwerkpartnern herstellen können. Gleiches gilt für individuelle steuerliche und rechtliche Fragen, zu denen sie nicht beraten dürfen.

Auch Spezialisierung hat mögliche Nachteile. Sofern Ihr Berater sehr eng spezialisiert ist, wird seine »Lösung« sich wahrscheinlich auf diesen Bereich beziehen – ganz egal, welche Ausgangssituation bei Ihnen vorliegt.

Stellen Sie Ihrem Gegenüber im Erstgespräch außerdem zwei, drei fachliche Fragen zu Themen, in denen Sie sich selbst zuvor einen guten Wissensstand angeeignet haben, und prüfen Sie Qualität und Widerspruchsfreiheit der Antworten. Beispielsweise könnten Sie im Erstgespräch fragen, was Ihr Berater von Bausparverträgen oder kapitalbildenden Lebensversicherungen hält (vgl. zu deren Risiken Kapitel »Unvorteilhafte Produkte«, Nr. 4). Eine schönfärbende Antwort zeigt Ihnen ebenso wie ein einseitiges Betonen von steuerlichen Vorteilen recht schnell, wie Ihr Gegenüber tickt.

> Sie können Ihrem Gegenüber wiederum eigene Kompetenz signalisieren, indem Sie sich ein wenig in das Thema einlesen, zentrale Fachbegriffe lernen und dieses Wissen ins Gespräch einfließen lassen. Natürlich bleiben Sie im Gespräch trotzdem bescheiden und prahlen nicht mit Ihrem Oberflächenwissen. Aber Ihr Gegenüber weiß dann, dass Sie nicht völlig ahnungslos sind.

Vorsicht bei Empfehlungen

Ihnen wurde ein Berater als besonders kompetent empfohlen? Unterziehen Sie ihn trotzdem einer kritischen Prüfung anhand der oben erwähnten Aspekte. Das ist für Sie wertvoller als blindes Vertrauen auf Empfehlungen. Denn gerade die Mitarbeiter von Finanzstrukturvertrieben sind Spezialisten im Empfehlungsmarketing. Und besonders Empfehlungen aus dem sozialen Umfeld (Tennisverein, Nachbarschaft, Bekanntenkreis) können aus zwei Gründen fatal sein:

- Der Empfehlungsgeber kann ein eigenes finanzielles Interesse (»Fangprämie«) haben.
- Er selbst kann ein Opfer unvorteilhafter Beratung sein, das noch nicht verstanden hat, dass es über den Tisch gezogen wurde.

Ehrlichkeit und Ethos

Ihr Berater sollte Ihnen gegenüber ehrlich, offen, fair und transparent handeln. Konkret bedeutet das: Er sollte primär Ihre Interessen vertreten. Konflikte zu seinen eigenen Interessen sollte er offenlegen. Das ist sehr viel verlangt und gleichzeitig ein zentrales Problem in der Finanzberatung. Denn es ist völlig verständlich, dass Ihr Berater auch Geld verdienen und seine Familie ernähren muss. Mögliche Interessenkonflikte ergeben sich grundsätzlich unabhängig vom Vergütungsmodell (Provision oder Honorar). Jedoch führt provisionsfinanzierte Beratung zu erheblich mehr und stärkeren Interessenkonflikten als Beratung auf Honorarbasis (vgl. Kapitel »Interessenkonflikte im Vertrieb von Finanzdienstleistungen«).

Seien wir realistisch und fair: Auch Ihr Bäcker und Metzger, Ihr Klempner und Ihr Autohändler haben Eigeninteressen – ganz klar. Bei Finanzfragen tritt die Problematik jedoch aus drei Gründen verschärft auf: Erstens sind dort die Probleme meist komplexer und zwischen Leistungen und Gegenleistungen liegt viel Zeit. Zweitens ist die Tragweite finanzieller Entscheidungen oftmals größer – es kann um Ihre wirtschaftliche Existenz gehen. Und drittens ist es objektiv besonders schwierig, wenn man Geld mit Geld verdienen möchte. Sie kennen die Geschichte von den Vampiren in der Verwaltung einer Blutbank …

Ihr Berater kann also noch so fachkompetent sein. Wenn er von starken Fehlanreizen geleitet ist, kann er kaum Ihre Interessen optimal vertreten. Bei provisionsfinanzierter Beratung gilt es also, den Anreiz der Provisionsmaximierung zu verhindern. Und bei honorarfinanzierter Beratung sollte die Anzahl der Beratungsstunden nicht aus dem Ruder laufen oder Pauschalhonorare bzw. Betreuungsgebühren sollten angemessen bleiben.

Stellen Sie Ihrem Berater also die Frage, welches Vergütungsmodell für ihn gilt. Die Bundesaufsicht für Finanzdienstleistungen (BaFin) sagt dazu: »Vor Beginn einer Beratung müssen Sie darüber informiert werden, ob die Beratung als unabhängige Honorar-Anlageberatung erbracht wird. Ist dies der Fall, darf der Berater keine Provisionen annehmen und behalten, sondern muss sich die Beratung direkt durch Sie vergüten lassen. Hat er Provisionen erhalten, muss er sie vollständig und unverzüglich an Sie auskehren.«

Die Vorgaben einer **unabhängigen Honorarberatung** müssen all jene Finanzberater erfüllen, welche zugelassen sind als

- Unabhängiger Honorar-Anlageberater nach § 94 WpHG,
- Honorar-Finanzanlagenberater nach § 34 h GewO,
- Versicherungsberater nach § 34 d Abs. 2 GewO,
- Honorar-Immobiliardarlehensberater nach § 34 i Abs. 5 GewO.

Am besten, Sie schauen auch zu diesem Punkt wieder ins **Impressum** auf der Webseite des Beraters. Hier muss er seine entsprechende Zulassung angeben.

Eine **Liste Unabhängiger Honorar-Anlageberater** nach § 93 Abs. 1 WpHG finden Sie auf der BaFin-Seite:
https://portal.mvp.bafin.de/database/HABInfo

Ein **Online-Register für Berater und Vermittler** nach §§ 34 d, f, h und i GewO finden Sie auf der DIHK-Seite: www.vermittlerregister.info

Hier sind besonders die Honorar-Finanzanlageberater nach § 34 h GewO interessant.

Versicherungsvermittler oder Versicherungsmakler unterliegen übrigens nicht den oben genannten strengen Vergütungsvorschriften. Und auch nicht sonstige Honorarberater, die sich zwar so nennen, jedoch keine der oben genannten Zulassungen haben – sie können dann nämlich zumindest auch Provisionsprodukte vermitteln (sogenanntes Mischmodell).

Die bunte Welt der Finanzberatung

Ich bin grundsätzlich vom Konzept der Honorarberatung überzeugt und denke, dass dies die bislang dominierende provisionsfinanzierte Beratung in Zukunft verdrängen wird. Allein die vom Gesetzgeber erzwungene Kostentransparenz wird vielen Menschen aufzeigen, dass scheinbar kostenlose Beratung im Ergebnis meist die teuerste ist. Jedoch muss man realistisch bleiben. Erstens gibt es bis heute noch nicht für alle Bereiche provisionsfreie Tarife (Netto-Tarife). Auch muss ein Netto-Tarif noch lange nicht vorteilhaft sein, nur weil es ein Netto-Tarif ist. Aber wer kann Sie hier besser beraten als ein von Ihnen bezahlter Einkaufshelfer? Der wird Ihnen nämlich im Falle eines Provisionstarifs die erhaltene Abschlussvergütung unverzüglich und vollständig weiterreichen – und ist damit interessenneutral.

Auch seitens der Berater kann es verständliche Gründe dafür geben, dass diese noch nach dem Mischmodell arbeiten (d. h. sowohl honorar- als auch provisionsfinanzierte Produkte anbieten). Ich täte Ihnen also keinen Gefallen, wenn ich hier die »reine Lehre« verkündete und eine »Schwarz-weiß-Darstellung« lieferte. In der Tat kenne ich viele Finanzberater, die sowohl fachlich fit sind als auch ethisch korrekt handeln und dabei nach dem Mischmodell arbeiten. Und auch einige provisionsfinanzierte Makler oder Mehrfirmenvertreter gibt es, die ich weiterempfehlen kann.

Bei Einfirmenvertretern und den meisten Strukturvertriebsorganisationen wird es jedoch eng. Denn selbst wenn der Einzelne hier moralisch denken würde, hat er durch ein enges Korsett von Vorgaben und Einschränkungen keine Spielräume für eine Beratung im Kundeninteresse. Leider muss ich dies – als ehemaliger Bankkaufmann – auch von der »Finanzberatung« in Banken und Sparkassen sagen, die in Wahrheit reiner Ausschließlichkeitsvertrieb ist. Ich sehe für diese Marktsegmente bereits in naher Zukunft erdrutschartige Veränderungen. Deren Vorboten sind für aufmerksame Beobachter bereits heute erkennbar.

Gefährliche Sympathie

Natürlich sollten Sie die Zusammenarbeit mit Ihrem Berater auch menschlich als angenehm empfinden. Jedoch wird Ihnen jeder Psychologe sagen, dass starke Sympathie gegenüber Ihrem Berater so gar nicht gut ist. Auch wenn dieser Appell Ihnen nicht schmecken mag: Sympathie ist eine der stärksten manipulativen Kräfte und droht, unser kritisches Denken auszuschalten. Es gibt unzählige Techniken, mit denen Vertriebsprofis bei Ihnen Sympathie auslösen (z. B. Ähnlichkeiten, Gemeinsamkeiten, Verbundenheit, Mitleid, Dankbarkeit für erhaltene Vorleistungen). Sie alle darzustellen, würde den Rahmen dieses TaschenGuides sprengen. Lesen Sie bei Interesse den Klassiker der Manipulation »Die Psychologie des Überzeugens« von *Robert Cialdini*. Und seien Sie sich sicher – Vertriebsmitarbeiter haben dieses Buch nicht nur gelesen, sondern mehrfach intensiv durchgearbeitet ...

Gute Beratung mit der 8-Punkte-Checkliste finden

Checkliste: So finden Sie nützliche Finanzberatung

- Finanzdienstleistung (Beratungs-, Vermittlungsleistung) erfolgt ausschließlich an Bedarf und Interesse des Kunden orientiert.
- Strikte Unabhängigkeit von Zuwendungen und Abhängigkeiten von Dritten (insbesondere Produktgebern).
- Keine scheinbar kostenlose Beratung, sondern Vergütung für konkrete Leistung. Dabei proaktive Offenlegung und Transparenz von Leistung und Gegenleistung. Soweit es keine Alternative zu Provisionsverträgen gibt, wie z. B. derzeit noch im Sachversicherungsbereich: Weitergabe sämtlicher Zuwendungen Dritter an den Kunden.

Checkliste: So finden Sie nützliche Finanzberatung

- Ergebnisoffene, neutrale, unabhängige Beratung.
- Marktumfassendes Angebotsspektrum (breites Netzwerk an Kooperationspartnern).
- Umfassende, übergreifende Beratung im individuellen Lebenskontext des Kunden.
- Fachlich kompetente Beratung von hoher Qualität, mit fundiertem Marktüberblick und tiefergehenden Methoden der Finanz-mathematik (Nutzung geeigneter Software).
- Hohe persönliche, fachliche, soziale Kompetenz des Beraters.

Das passende Online-Depot finden

Sowohl die Stiftung Warentest mit ihrer Zeitschrift »Finanztest« als auch ihrem Webauftritt test.de bzw. Anlegerzeitschriften und andere Internetportale führen regelmäßig Vergleichstests zu Online-Depots durch. Die Ergebnisse zeigen eine hohe Anzahl von Angeboten mit sehr gutem Preis-Leistungsverhältnis. Der Wettbewerb zwischen den Online-Banken ist offensichtlich hart. Alles in allem eine für Sie als Kunde sehr erfreuliche Ausgangssituation. Jedoch geben die Institute wirklich alles, um eine unmittelbare Vergleichbarkeit zu vermeiden.

Trotzdem: Mit nur drei Auswahlkriterien, nämlich Kostenstruktur, Komplexität/Transparenz und Ergonomie/Anwenderfreundlichkeit können Sie rasch das für Sie passende Online-Depot finden.

Kostenstruktur

Ausgangspunkt der Suche sind Ihre Bedürfnisse und Angewohnheiten. Schätzen Sie ab, wie Sie das Online-Depot nutzen wollen.

- Wollen Sie beispielsweise nur ein Bestandsdepot oder nur einen ETF-Sparplan oder beides führen?
- Sind Sie eher ein langfristig ruhiger Anleger (buy and hold = empfohlen) oder ein spekulativer Typ (rein und raus = weniger empfohlen)?
- Werden Sie wahrscheinlich eher kleinere Ordervolumina oder hohe vier- oder sogar fünfstellige Beträge anlegen?

Jede Onlinebank hat andere »Spielregeln« und Kostenstrukturen. Manche berechnen die Gebühren in Prozent/Promille des Ordervolumens, andere kalkulieren unterschiedliche Gebühren auf Basis einer Volumenstaffel. Wieder andere werben mit einer Flat Fee, also einer volumensunabhängigen Fixgebühr. Und schließlich gibt es auch noch die Kombination von fixer mit variabler Gebühr. Hinzu kommen Paketangebote mit pauschalen Monats- oder Quartalsgebühren, die eine bestimmte Zahl von kostenfreien Orders und in Einzelfällen auch zusätzliche Services beinhalten. Es lohnt, das eigene Anlageverhalten zu hinterfragen und dann die Kosten zu vergleichen.

Komplexität und Transparenz

Während Sie sich einen Überblick über die Kostenstruktur von Online-Depots verschaffen, bekommen Sie zwangsläufig auch einen Eindruck über die Komplexität und Verständlichkeit der »Spielregeln«.

BEISPIEL: ES GEHT AUCH EINFACH

Meine Lieblingsbank überzeugte mich auf ihrer Internetseite mit einer transparenten und schnell verständlichen Darstellung von einfachen und klaren Kostenstrukturen. Ein Wettbewerber, der sich sehr offensiv als besonders preiswert präsentiert, benötigt für die Erläuterung seines – erheblich komplexeren – Kostenmodells mit zusätzlichen Sonderangeboten und Aktionen circa den dreifachen Platz. Und wenn man es genau wissen will, muss man ein zusätzliches Fenster öffnen, hinter dem sich kleingedruckt in dunkelgrauer Schrift das umfangreiche »Kosten- und Gebührenverzeichnis« verbirgt. Noch Fragen?

Ergonomie bzw. Anwenderfreundlichkeit

Da Sie ja mit Ihrem Online-Depot ganz alleine im »stillen Kämmerlein« klarkommen wollen und Überweisungen, Transaktionen, Depotprüfung etc. schnell und bequem funktionieren sollen, müssen Design und (Software)Ergonomie der Anbieter-Webseite zu Ihnen passen. Es ist ganz wie beim Auto. Während manche nicht genug Knöpfe und Einstellvarianten haben können, fühlen sich andere durch zu viele Wahlmöglichkeiten und z.B. tiefe Menüs eher verwirrt und abgeschreckt. Viele Online-Banken bieten Ihnen an, die Oberfläche des Depots, der Orderformulare und Berichte etc. zu testen, ohne dass Sie bereits Kunde sein müssen. Nach einer Viertelstunde »Herumspielen« haben Sie höchstwahrscheinlich bereits ein Gefühl dafür, ob Sie mit der Ergonomie des Anbieters klarkommen werden.

> Ich empfehle Ihnen, sich ein zu Ihrem voraussichtlichen Nutzungsverhalten passendes Online-Depot anzulegen und dabei nicht auf den letzten Cent möglicher Kostenersparnis zu schauen. Lassen Sie sich nicht von Lockvogelangeboten und befristeten Aktionen ködern, denn auf die anfängliche Ersparnis werden später wahrscheinlich Mehrkosten folgen. Sie wollen ja langfristig dabeibleiben. Ich bewerte solche – häufig wechselnden – »Sonderangebote« eher negativ und rate Ihnen, lieber einen Anbieter mit simplem und transparentem Gebührenmodell zu bevorzugen.

Online-Wertpapier-Depot eröffnen

Wertpapier-Depots bei traditionellen Universalbanken sind vergleichsweise teuer. Kostengünstiger sind Direktbank-Depots bei einer **Online-Bank** (auch Online-Broker oder Internetbroker genannt), die meist keine eigenen Filialen hat, sondern nur über Internet oder Telefon erreichbar ist. Bei der Sicherheit Ihres Depotvermögens gibt es keinen Unterschied – alle werden gleichermaßen überwacht. Übrigens: Discount Brokerage, Online-Trading, Wertpapierhandel online sind Synonyme füreinander.

Bei den meisten Online-Banken ist das **Depot kostenfrei** und auch das **Verrechnungskonto.** Die Kosten zum Kauf und Verkauf von Wertpapieren (auch **Orderkosten,** Transaktionskosten genannt) sind etwas unterschiedlich, liegen jedoch allesamt im Bereich nur eines Bruchteils von denen traditioneller Banken. Daher lohnt sich ein Vergleich dieser Kosten nur, wenn Sie häufig handeln (traden) wollen. Besondere Aufmerksamkeit ist bei **Sparplänen** angebracht: Achten Sie auf ein günstiges Verhältnis der Sparplankosten zu Kleinsparbeträgen (mehr zu ETF-Sparplänen im Kapitel »Regelmäßig sparen und investieren«). Zudem sollten Sie in Erfahrung bringen, ob Minuszinsen berechnet werden – also »Strafzinsen« für Guthaben auf dem Verrechnungskonto.

Sie benötigen

- ein sogenanntes **Referenzkonto** außerhalb der Online-Bank (z. B. Ihr bestehendes Girokonto),
- bei der **Online-Bank** selbst:
  - ein Verrechnungskonto (Cash-Konto), um Ein- und Auszahlungen vorzunehmen; von Ihrem Girokonto überweisen Sie Geld auf das Verrechnungskonto, von dem aus Sie dann die Wertpapiere in Ihr Depot kaufen; das Verrechnungskonto bekommt man bei Depoteröffnung automatisch mit dazu
  - ein Depot (virtuelles Wertpapierlager für Ihre ETFs, Aktien, Anleihen etc.)
  - eine Kundennummer (die mit Eröffnung per Post zugesandt wird)
  - Zugangsdaten (die ebenfalls mit Eröffnung per Post zugesandt werden), um sich einzuloggen

Los geht's!

Öffnen Sie die Internetseite des Anbieters, gehen Sie dort zum Stichwort **Depoteröffnung.** Füllen Sie dort das **Formular** des Anbieters aus. Neben Ihren persönlichen Daten sind die nachfolgenden Angaben obligatorisch: Angaben zur Eigenschaft »US-Person«, zum Geldwäschegesetz, Ihre Steueridentifikationsnummer, Information über das Kirchensteuerabzugsmerkmal und Risikoangaben (z.B. welche Erfahrungen mit Wertpapieren Sie haben).

Drucken Sie dann das Formular aus, unterschreiben es und gehen Sie damit und mit Ihrem **Personalausweis** zur nächsten **Postfiliale.** Denn dort werden die Personalien geprüft und Ihre Unterlagen an den Anbieter gesendet. Das nennt sich **PostIDENT-**Verfahren, ist einfach, sicher und kostet Sie nichts. Daneben ist auch die Videolegitimation (Legitimation per Video-Call und Webcam) möglich.

Konto/Depot aktivieren

Rund eine Woche später kommt Briefpost vom Anbieter mit Ihrer Kundennummer, den Kontodaten und – in einem separaten Brief – den **Zugangsdaten** (Passwort) für die Anmeldung **(Einloggen in das Konto/Depot)** bei der Online-Bank.

Zugang (auch **Log-in** genannt) zu Ihrem neuen Online-Konto erhalten Sie auf der Internetseite des Anbieters (Online-Plattform) mit Ihrer Kundennummer/Kontonummer und dem Passwort. Aktionen innerhalb der Online-Plattform (Überweisungen, Wertpapierkauf usw.) werden dann – je nach Anbieter – zusätzlich mit PIN, Key, iTAN-Liste oder Mobile-TAN (SMS-Code) vorgenommen. Das steht aber alles ganz konkret im Brief vom Anbieter.

Überlegen Sie, ob Sie einen **Freistellungsauftrag brauchen.** Derzeit beträgt der gültige maximale Sparer-Pauschbetrag 801 Euro bei Einzelfreistellung und 1.602 Euro bei gemeinsamem Freistellungsauftrag. Bis zu dieser Höhe wird die Bank dann keine Steuer an das Finanzamt abführen. Das heißt, solange Ihre Kapitalerträge (wie Zinsen, Dividenden, Gewinne aus Wertpapierverkäufen usw.) unterhalb des freigestellten Betrags bleiben, wird Ihnen keine Kapitalertragsteuer darauf abgezogen. Einen Freistellungsauftrag können Sie bei Ihrer Online-Bank meist unter dem Menüpunkt *EINSTELLUNGEN*, *FORMULARE* oder *STEUER* stellen. Dafür benötigen Sie lediglich Ihre Steueridentifikationsnummer.

Kontoauszüge sowie sonstige Dokumente (wie Jahressteuerbescheinigungen, Wertpapierkaufbestätigungen, Dividendenauszahlungsinformationen etc.) **rufen Sie am besten regelmäßig, z. B. einmal monatlich,** online ab. Dazu gehen Sie auf die Startseite des Anbieters unter Log-in. Dort loggen Sie sich mit Ihren Zugangsdaten ein und können dann unter *ARCHIV* oder *DOKUMENTE* oder *POSTEINGANG* oder *POSTBOX* die Dokumente einsehen, herunterladen und in Ihrem digitalen Ordner ablegen.

Übrigens kann man beim gleichen Anbieter auch **weitere Konten bzw. Depots** anlegen. Neben bzw. statt eines Einzelkontos/-Depots sind auch Gemeinschaftskonten/-Depots z. B. für Eheleute möglich.

Haben Sie bereits irgendwo ein (teures) Depot, können Sie dieses einfach **umziehen** lassen. Eröffnen Sie Ihr Wunsch-Depot; die neue Depotbank kümmert sich dann kostenfrei um den Wertpapierübertrag.

Regelmäßig sparen oder investieren mit kleinen Beträgen

Regelmäßiges Anlegen kann einerseits dem **Aufbau einer persönlichen Liquiditätsreserve** dienen. Das ist insbesondere für jene relevant, die Monat für Monat von der Hand in den Mund leben und bei denen es immer »gerade so reicht«. Regelmäßige Anlage mit langfristigem Zeithorizont kann andererseits das Ziel haben**, zusätzliches Vermögen** für unterschiedlichste Zwecke aufzubauen.

Zur besseren Unterscheidung wird im Folgenden der erste Fall als »regelmäßiges Sparen«, der zweite Fall als »regelmäßiges Investieren« bezeichnet. **Regelmäßiges Sparen** bedeutet in der Nullzinswelt also Aufbau von (nahezu) unverzinslichem Geldvermögen bei Vermeidung von Kursrisiken mit dem Ziel einer Liquiditätsreserve. **Regelmäßiges Investieren** findet im Sachvermögen mit der zwangsläufigen Folge von Kursschwankungen statt und ermöglicht auch in der Nullzinswelt durchaus positive Realverzinsungen. Und je länger der Zeithorizont, desto sicherer werden positive Realverzinsungen eintreten.

In der Ruhe liegt die Kraft

Es gibt sowohl für regelmäßiges Sparen als auch für das Investieren gute Gründe. Beidem liegt eine positive Disziplin bzw. nützliche Gewohnheit zugrunde. Diese resultiert entweder aus einer bereits vorhandenen konstruktiven Einstellung zu Geld. Oder diese Einstellung wird nach einer klugen Einsicht bzw. Entscheidung durch regelmäßiges und wiederholtes Tun allmählich eingeübt. Konstruktiv und langfristig nützlich ist die Gewohnheit **regelmäßigen Sparens** und Investierens, weil sie verhindert, dass sich Menschen stets kurzfristig an den Grenzen ihrer wirtschaftlichen Möglichkeiten bewegen und ihre Ausgaben immer gerade an die Höhe der momentanen Einnahmen anpassen. Durch unerwartete Ausgaben oder plötzliche Mindereinnahmen geraten diese Menschen dann sogleich ins »laufende Minus« und benötigen häufig teure Verbraucherkredite. Deshalb raten viele Geldcoaches trotz der Nullzinswelt und selbst bei realen Verlusten zu regelmäßigem Sparen.

Wenn Sie **regelmäßig investieren,** d.h. Ihr Geld im Sachvermögen (inflationssicher, aber mit dem Risiko von Kursschwankungen) anlegen, profitieren Sie vom Durchschnittskosteneffekt (Fachausdruck: Cost Averaging). Legen Sie nämlich regelmäßig einen identischen Geldbetrag (z.B. monatlich 200 Euro) an, erhalten Sie bei niedrigen Preisen/Kursen eine höhere Stückzahl von Anlagen als bei hohen Preisen/Kursen. Man darf den Durchschnittskosteneffekt nicht überschätzen, aber ein kleiner zusätzlicher Vorteil ist er schon.

Erscheinungsformen von Spar- und Investitionsplänen

Das Angebot an Möglichkeiten zur regelmäßigen Anlage von Kleinbeträgen ist vielfältig. Dabei wird oft nicht eindeutig zwischen Sparen und Investieren unterschieden. Die nachfolgende Aufzählung ist nicht vollständig, erläutert jedoch die wichtigsten Möglichkeiten. Sie haben die Wahl zwischen (meist monatlichem oder vierteljährlichem) Anlegen auf folgende Anlageklassen.

- Euro-Anlagen (also Cash) auf **Tages- oder Festgeldkonten** sowie klassische Banksparpläne. Diese Möglichkeiten sind zum Aufbau einer gewünschten Liquiditätsreserve auch bei Zinslosigkeit grundsätzlich geeignet.
- Anlagen auf Konten in beliebigen **Fremdwährungen.** Damit könnten Sie eine Reserve in Währungen außerhalb des Euro-Raumes aufbauen.
- Anlagen auf Anteile von zuvor definierten **Anleihen** sowie aktiven oder passiven Fonds, die in Anleihen investieren.
- Anlagen auf **Goldkonten, sonstige Edelmetallkonten** bzw. weitergehende Rohstoffkonten. Jede Zahlung wird zum aktuellen Kurs in Gold oder das vereinbarte Edelmetall umgerechnet. Ihr Guthaben lautet dann also auf Gramm oder Kilogramm die-

ses Sachwertes und nimmt an den Preisschwankungen dieser Anlageklasse teil.

- Anlagen auf Konten, die auf unterschiedliche **Kryptowährungen** lauten (bekanntestes Beispiel sind Konten auf Bitcoin).
- Anlagen in **Immobilien-**Sparpläne. Hier erwerben Sie mit jeder Einzahlung Anteile an virtuellen Immobilien-Investments (meist aktiven Immobilienfonds, jedoch auch Immobilien-Zertifikaten oder Immobilien-ETFs).
- Anlagen in Sparpläne auf aktiv gemanagte **Fonds** sowie passive Indexfonds oder ETFs.

Die Kosten bei der Anlage von Kleinbeträgen

Bei der Anlage von Kleinbeträgen sollten Sie besonders auf die Transaktionskosten achten. Das sind »Nebenkosten« wie z. B. Kosten für Überweisungen, alle Arten von Gebühren seitens der Bank oder des Brokers, Ausgabeaufschläge oder ggf. Handelskosten an der Börse. Zur näheren Analyse dieser Kosten lohnt sicherlich noch einmal der Blick in das Kapitel »Offene und versteckte Kosten«.

Zwar sind Transaktionskosten bei Online-Banken oder Discount-Brokern im Rahmen eines vollständig durchdigitalisierten Prozesses erheblich geringer als bei traditionellen Kreditinstituten mit persönlicher Beratung. Es fallen jedoch trotzdem Kosten an. Diese beziehen sich entweder auf ein Konto oder Depot

(= Stückkosten) oder auf einen Spar- oder Entsparvorgang (= Prozesskosten).

- Beispiele für **Stückkosten** sind Aufwendungen für die Errichtung und Verwaltung jedes einzelnen Kontos und Wertpapierdepots – und zwar unabhängig vom Kontostand oder Depotvolumen.
- Beispiele für **Prozesskosten** sind Aufwendungen für die Durchführung eines Wertpapierkaufs oder -verkaufs sowie dessen Verbuchung – und zwar wieder unabhängig vom Volumen.

Sie merken schon, wohin die Argumentation führt: Wesentliche Kostentreiber für den Finanzdienstleister sind nicht die Volumina, sondern die Anzahl der Prozesse bzw. die Stückanzahl.

Auch wenn viele Institute diese Kosten nicht oder nicht in voller Höhe an Sie weiterbelasten, sollten Sie das Investieren von Kleinstbeträgen kritisch hinterfragen. Denn oftmals sind solche kostenfreien »Sparplanangebote« zeitlich begrenzt. Und auch wenn sie das nicht sind, kann der Anbieter jederzeit Kosten einführen oder diese heraufsetzen. Ihnen bleibt dann nur ein Anbieterwechsel oder eine Änderung Ihrer Anspar-Strategie. Beides ist mit zusätzlicher Mühe verbunden.

> Ich erlebe die Flut an Sparplanangeboten auf unterschiedlichste Anlageklassen und unter Nutzung verschiedenster Anlagevehikel eher kritisch. Aus meiner Sicht sind sie ganz überwiegend Marketing-Hypes der Finanzdienstleistungsindustrie. Mit Speck fängt man Mäuse, jedoch werden unvorteilhafte oder mäßig vorteilhafte Investitionsangebote nicht dadurch besser, dass man sie in einen Sparplan packt.

Schädliche geistige Töpfchenwirtschaft

Manche können aufgrund ihres niedrigen Einkommens nur Kleinstbeiträge (wie z.B. 10 Euro pro Monat) abzweigen. Hier lautet der eindeutige Rat, solche Beträge durch Dauerauftrag vom Giro- auf ein Tagesgeldkonto (oft Anlagekonto oder Cashkonto genannt) umzubuchen – und erst dann über eine weitergehende Anlage nachzudenken, wenn sich dort ein etwas größerer Betrag angesammelt hat.

Andererseits verteilen manche auch eine größere monatliche Summe auf viele kleine Einzelbeiträge, für die sie jeweils separate Konten oder Depots anlegen.

BEISPIEL: TÖPFCHENWIRTSCHAFT

Ich kenne eine Dame, die 500 Euro monatliche Ersparnis auf insgesamt 13 (!) Sparverträge mit Beträgen zwischen 25 Euro und 100 Euro aufsplittet. Sie hat für jedes Sparziel (Urlaub 100 Euro, nächstes Auto 70 Euro, Wohnungseinrichtung 40 Euro, Vorsorge für Zahnbehandlung 25 Euro, Kleiderrücklage 60 Euro, Bausparen 50 Euro ...) ein eigenes Konto oder Wertpapierdepot bei einem Kreditinstitut.

Ursache für eine solche Zersplitterung des regelmäßigen Ansparens ist meist eine »finanzielle Töpfchenwirtschaft« (Mental Accounting). Die Betroffenen betrachten jedes einzelne Sparziel separat und bilden es im schlimmsten Fall durch echte Konten bei Finanzdienstleistern ab. Das sollten Sie nicht tun. Stattdessen sollten Sie alle aus kurzfristigen Sparzielen resultierenden Beträge zusammenfassen und auf ein Tagesgeld- oder Cashkonto überweisen. Alle langfristigen »mentalen Töpfchen« fassen Sie ebenfalls zusammen und speisen sie in einen Wertpapier-Sparvertrag ein. So könnte die Dame aus dem Beispiel oben ihre 500 Euro pro Monat in 350 Euro regelmäßiges Sparen und 150 Euro regelmäßiges Investieren aufteilen.

Wenn Sie nicht auf mentale Unterkonten verzichten wollen, können Sie die Entwicklung Ihrer Reserven pro Thema/Sparziel ja immer noch mit einem kleinen Haushaltsbuch oder Tabellenkalkulationsprogramm abbilden. Dies ist dann jedoch mehr Hobby als eine zielführende Aktivität.

> Ich empfehle Ihnen, lediglich jeweils einen Vertrag für regelmäßiges Sparen und einen für regelmäßiges Investieren abzuschließen. Eine weitergehende Aufteilung bewirkt wahrscheinlich zusätzliche Kosten und vermindert ganz sicher Ihren Überblick über Ihre Finanzen. Auch wenn Sie zunächst mit Eifer loslegen, wird Ihnen später die »Pflege« vieler einzelner Spar- und Anlageverträge schnell zur Last.

Exkurs: Anlage für Kinder und Enkel

Sparen und Investieren Sie zugunsten von Kindern, Enkelkindern, Neffen, Nichten usw., gilt all das, was Sie bisher in diesem TaschenGuide gelesen haben, gleichermaßen. Es besteht lediglich die Frage, ob Sie die Geldanlage auf den Namen des Kindes oder auf Ihren eigenen Namen eröffnen. Manchmal entscheidet dies der Finanzdienstleister für Sie, da er gar keine Konten oder Depots für Minderjährige zulässt. Wenn Ihnen das nicht passt, gehen Sie eben zu einem anderen.

Ansonsten sollten Sie sich dessen bewusst sein, dass ein Konto bzw. Depot auf den Namen des Kindes nicht nur Vorteile, sondern auch Nachteile haben kann.

Zwar ergeben sich zunächst offensichtliche steuerliche Vorteile, da das Kind einen eigenen Sparerfreibetrag besitzt und – solange es noch nicht berufstätig ist – auch den gesamten Grundfreibetrag von (Stand 2019) 9.168 Euro p.a. steuerfrei vereinnahmen kann. Jedoch wird das Konto bzw. Depot auch ansonsten in jeder Hinsicht dem Kind zugerechnet. So kann das Guthaben auf einem Konto bzw. Depot bei der Berechnung des Vermögens des Kindes z.B. für Krankenversicherung oder BAföG relevant werden. Ebenfalls zu berücksichtigen ist, dass sowohl für Eröffnung, Verfügbarkeit des Guthabens als auch Beendigung immer auch die Begünstigten in den jeweiligen Prozess involviert sind – meist über eine Vollmacht oder Zustimmung der Erziehungsberechtigten oder des Familiengerichts. Die Frage ist, ob sich dieser Aufwand lohnt.

Und bedenken Sie, dass das für Kinder etc. gesparte Vermögen wirklich unwiderruflich aus Ihrer Verfügungsmacht in die Macht des Begünstigten übergeht. Sie können also das Vermögen später nicht wieder »zurückholen«, nicht einmal einvernehmlich. Würde dies geschehen, läge nämlich ein nicht legaler steuerlicher Umgehungstatbestand vor.

Meine Tipps für Sie

- Ich empfehle Ihnen, sich bei Ihrer Entscheidung für Dritte zu sparen, nicht von kurzfristigen Steuerersparnissen leiten zu lassen. Denken Sie langfristig und halten Sie sich an das alte deutsche Sprichwort: Geschenkt ist geschenkt.
- Geld für **Kinder, Enkelkinder, Neffen, Nichten usw.** wurde früher traditionell in Sparbüchern angelegt. In der Nullzinswelt rate ich Ihnen davon ab. Auch Ausbildungsversicherungen und Ähnliches lohnen sich nicht.

Regelmäßiges Sparen

Regelmäßig sparen können Sie über ein Tagesgeldkonto, ein Festgeldkonto oder einen Banksparplan. Jedoch scheidet die Alternative »Banksparplan« in der aktuellen Nullzinswelt de facto aus. Viele Banken haben ihre Sparplanangebote vom Markt genommen, da sie über mehr als genug Refinanzierungsmittel verfügen und selbst an die EZB einen negativen Zins bezahlen müssen. In einigen Fällen haben Banken sogar die laufenden Sparpläne zu kündigen versucht (diesbezügliche Gerichtsverfahren laufen noch). Also beschränken sich die nachfolgenden Hinweise auf Tages- und Festgeldkonten.

Die beste neutrale Informationsquelle aktueller Angebote zu Tages- und Festgeldkonten bietet die Stiftung Warentest mit der Monats-Zeitschrift »Finanztest« bzw. dem Onlineangebot auf test.de. Dort erscheinen alle 14 Tage die Vergleiche von empfehlenswerten Zinsangeboten. Für rund 2 Euro erhalten Sie die aktuelle, neutrale und geprüfte Testauswertung zum Download. Dabei treffen die Tester bereits eine Vorauswahl im Kundeninteresse. So berücksichtigen sie nur solche **Tages- und Festgeldkonten-Angebote,** welche die folgenden Mindestkriterien erfüllen:

- ausreichende Einlagensicherung (d. h. 100.000 Euro pro Kreditinstitut und Kunde),
- keine Nebenkosten, wie z. B. Kontoführungsgebühr,
- ohne Nebenbedingungen seitens der Bank, wie z. B. Eröffnung eines Girokontos mit Mindestgeldeingang,
- der Zins gilt für den gesamten Sparbetrag und nicht z. B. nur für die ersten 5.000 Euro,
- mindestens jährliche Zinsgutschrift, da Ihnen sonst der Zinseszinseffekt entgeht,
- bei Auslandsbanken darf keine ausländische Quellensteuer einbehalten werden.

> Mit regelmäßigem Sparen (Geldvermögen) pflegen Sie lediglich Ihre Liquiditätsreserve. Daher rate ich Ihnen, diesen Prozess einfach und zeitsparend zu halten. Bequemlichkeit ist Trumpf, denn Reichtümer können Sie damit in der Nullzinswelt ohnehin nicht anhäufen. Laufen Sie deswegen auch nicht irgendwelchen, meist zeitlich begrenzten Lockvogelangeboten hinterher (z. B. Tagesgeldkonten-Hopping). Konzentrieren Sie sich lieber auf die wichtigen Dinge – nämlich das Investieren.

Regelmäßiges Investieren

Regelmäßiges Investieren richtet sich ganz überwiegend auf die Anlageklasse Aktien. Erst mit deutlichem Abstand folgen Anleihen, Gold und Rohstoffe sowie Immobilien. Für regelmäßigen Vermögensaufbau in allen genannten Anlageklassen werden ganz überwiegend ETF-Sparpläne genutzt. Außerhalb der ETF-Welt gibt es Nischenanbieter, die regelmäßiges Investieren z. B. mit Gold- oder Metallsparplänen ermöglichen. Da diesen jedoch kaum Bedeutung zukommt, konzentrieren wir uns im Folgenden auf ETF-Sparpläne.

Was kommt zuerst?

Ein ETF-Sparplan funktioniert wie ein Dauerauftrag. Es sind flexible und kostengünstige Angebote verfügbar. In Deutschland sind Stand 2019 circa 1.400 ETFs zum Vertrieb an Private zugelassen. Davon sind etwa drei Viertel, nämlich rund 1.100 ETFs sparplanfähig. Jedoch bietet nicht jede **Online-Bank** auch jeden **ETF** als Sparplan an, sodass sich Ihnen die Frage nach dem Muster »Ei oder Henne?« stellt: Entweder Sie entscheiden zunächst über Ihre(n) Wunsch-ETF(s) und suchen sich dann eine Online-Bank, die diesen als Sparplan anbietet. Oder Sie legen sich auf eine Online-Bank fest (vielleicht sind Sie ja schon zufriedener Kunde bei einer) und suchen dann einen passenden ETF aus den eingeschränkteren Alternativen dieses Instituts. Noch kleiner ist die Auswahl, wenn Sie nur innerhalb der Angebote kostenloser ETF-Sparpläne einer Online-Bank suchen.

Langfristig gedacht ist es aus meiner Sicht besser, mit der klugen Auswahl der am besten zu Ihnen passenden **Online-Bank** zu beginnen. Und sich nicht zunächst in einen ETF zu »verlieben«, den es dann als Sparplan überhaupt nicht oder nur bei einem vergleichsweise teuren Anbieter gibt. Daher geht die folgende Erläuterung davon aus, dass Sie zunächst ein zu Ihren Bedürfnissen passendes Online-Depot finden und dann im Rahmen der dortigen Sparplan-Angebote den oder die ETFs auswählen. Bewährte Tipps, wie Sie für sich die richtige Online-Bank finden Sie in Kapitel »Das passende Online-Depot finden«.

Geeigneten ETF-Sparplan finden

Steht der ETF-Sparplan im Zentrum Ihres Interesses, so sollten Sie zusätzlich zu den im Kapitel »Gute Produkte« genannten Kriterien darauf achten, wie breit und preiswert das von Ihrer favorisierten Online-Bank zur Verfügung stehende Angebot an ETF-Sparplänen ist. Jedoch sind die meisten Nutzer solcher Sparpläne mit einfachen »Butter und Brot«-ETFs ohnehin bestens bedient. Und wer meint, unbedingt auch noch etwas Exotisches zu benötigen, kann ja auch für eine adäquate Einzelorder auf dem Tagesgeldkonto ansparen.

Wählen Sie mindestens einen **ETF** aus, in den Sie ansparen wollen. Achten Sie dabei darauf, dass Sie unnötige Aufsplitterung vermeiden, um die Stückkostenproblematik und geistige Töpfchenwirtschaft zu vermeiden (siehe dazu weiter oben).

Wie Sie gut zu Ihren Bedürfnissen passende ETFs finden, erfahren Sie im Kapitel »Gute Produkte«. Ergänzend hier nur der Rat, lieber einen sehr breit streuenden ETF zu wählen als mehrere enge, die sich gegenseitig ergänzen sollen (wiederum Stückkostenproblematik). Wenn Sie auf dieser Basis das Sparplanangebot Ihrer Online-Bank sichten, werden Sie sicher recht schnell ein paar passende Varianten in der engeren Wahl haben und zu einer Entscheidung kommen. Kopieren Sie sich die **ISIN** des ETF – das ist die Internationale Wertpapierkennnummer – zu Dokumentationszwecken in Ihr Archiv. Empfehlenswert ist es auch, das **KIID** (Key Investor Information Document) aus dem Netz herunterzuladen und zu archivieren. Das Dokument klingt zwar gefährlich, ist aber einfach zu lesen. Auf meist nur drei Seiten finden Sie dort alle relevanten Informationen über den ETF.

Nun entscheiden Sie über die Höhe Ihrer **Ansparrate.** Zwar sind ETF-Sparpläne bereits für Raten ab 25 Euro im Monat möglich, jedoch ist dann die Auswahl recht klein. Sparraten ab 50 Euro erweitern die Auswahl bereits erheblich. Wenn Ihre Sparfähigkeit gering ist, kommen vierteljährliche statt monatliche Sparraten infrage. Nahezu alle Anbieter ermöglichen nämlich auch einen quartalsweisen Anlageprozess.

Es wäre schön, wenn Ihr ETF-Sparplan auch **Einmalzahlungen** zulässt, damit Sie Ihre Anlage auch außer der Reihe aufstocken können, etwa mit Ihrem Weihnachtsgeld oder Geld aus einer Schenkung oder Erbschaft. Falls das nicht der Fall ist, sollte das jedoch kein Showstopper sein. Denn vielleicht ist es ja auch nützlich, einen größeren Einmalbetrag in einem anderen ETF außerhalb des Sparplans zu investieren.

Zielgerade: So richten Sie Ihren ETF-Sparplan ein

Öffnen Sie die Internetseite des Depot-Anbieters, gehen Sie dort zum Stichwort **Sparpläne** (meist unter dem Menüpunkt *GELDANLAGE*). Geben Sie dann die folgenden Infos in das Formular ein:

- Sparrate,
- Sparintervall (z. B. monatlich oder vierteljährlich),
- Aufteilung der Sparrate (auf einen oder verschiedene ETF) – hierzu benötigen Sie die ISIN Ihres/r ausgewählten ETFs,
- Konto, von welchem Ihre Sparraten regelmäßig abgebucht werden sollen (in der Regel wird parallel zum Depot ein Verrechnungskonto bei der Online-Bank eröffnet, das Sie durch Dauerauftrag von Ihrem Girokonto speisen),
- Abbuchungstag, z. B. am ersten Tag des Monats/Quartals.

Prüfen Sie alle Eingaben nochmal und bestätigen Sie diese – je nach Depot-Anbieter – zusätzlich mit PIN, Key, iTAN-Liste oder Mobile-TAN (SMS-Code). Fertig!

Besonders vorteilhaft: Sie können Ihren ETF-Sparplan jederzeit anpassen oder beenden.

Einmalbeträge vorteilhaft investieren

Ihre Portfoliostrategie als Ausgangspunkt

Die nachfolgenden Überlegungen bauen auf Ihrer Portfoliostrategie auf (vgl. Kapitel »Die ›Vom Keller zum Dach‹-Strategie«), gehen hier also davon aus, dass Sie sich bereits zuvor Gedanken über die Aufteilung Ihrer Reserven zwischen verschiedenen Anlageklassen gemacht und Ihr persönliches Zielportfolio definiert haben. Eine sich nun ergebende Einmalanlage kann auf dieser Basis nur zwei Ursachen haben:

- Ihr Portfolio-Kuchen wird größer (z. B. aufgrund einer Schenkung, Erbschaft, Prämienzahlung) oder
- ein bereits erfasstes Kuchenstück wurde fällig bzw. liquide und muss nun wieder neu angelegt werden (z. B. Auszahlung der Ablaufleistung einer Lebens- oder Rentenversicherung, Endfälligkeit einer Anleiheposition, Verkauf einer Immobilie etc.).

In beiden Fällen sind Ihnen Mittel in liquider Form zugeflossen, die Ihr Geldvermögen erhöhen und wahrscheinlich zinslos sind. In beiden Fällen hat sich das Verhältnis von inflationsgefährdeten Geldvermögens- zu inflationssicheren Sachvermögenspositionen in Richtung auf das Geldvermögen verschoben. Daher werden Sie sich zunächst fragen, wie die Struktur Ihres künftigen Zielportfolios vor dem Hintergrund der Nullzinswelt aussehen soll. Ein schlichter Ersatz einer fälligen Position durch eine identische neue kann in der Nullzinswelt keine gute Lösung sein.

Auf Basis dieser Überlegungen werden Sie entweder planvoll Ihre Liquiditätsreserven erhöhen, oder aber in eine derjenigen Anlageklassen investieren, die in der Nullzinswelt noch reale Erträge verspricht. Da für andere Anlageklassen (z.B. Immobilien) kaum allgemeingültige Empfehlungen möglich sind, beschränken sich die nachfolgenden Überlegungen auf die rentabelste Anlageklasse der letzten Jahrzehnte, nämlich Aktien. Das nach heutigem Erkenntnisstand optimale Kosten-Risiko-Ergebnis erzielen Sie durch Nutzung von ETFs.

Zum geeigneten ETF mit dem 7-Punkte-Plan

Nachstehend habe ich für Sie die sieben wichtigsten Kriterien zusammengestellt, um aus der aktuellen Angebotsvielfalt von über 1.800 ETFs einen individuell passenden herauszusuchen. Es gibt noch ein paar weitere Punkte, jedoch sind Sie mit diesen sieben schon mal auf der sicheren Seite.

Nr. 1: Passender Referenzindex für die konkrete Situation

Auswahlkriterien für den passenden Referenzindex haben Sie oben im Kapitel »Gute Produkte« gelesen. Wenn Sie jedoch bereits andere Anlagen besitzen (z.B. Mitarbeiteraktien), möchten Sie vielleicht gerade ein Gegengewicht schaffen und das entsprechende Land oder die Branche meiden.

Nr. 2: Art der Ertragsverwendung

Während bei Aktien fast immer ein Teil des erwirtschafteten Gewinns als Dividende ausgeschüttet wird, haben Sie bei ETFs meist die Wahl zwischen solchen, die **ausschütten,** sowie solchen, die einbehalten (= **thesaurieren**) und automatisch wieder anlegen. Solange Sie über einen noch nicht ausgeschöpften Sparerfreibetrag verfügen (Stand 2019: Alleinstehende 801 Euro, Verheiratete 1.602 Euro), sind ganz klar die ausschüttenden ETFs vorteilhafter. Ansonsten sind steuerlich gesehen thesaurierende Fonds aktuell ein wenig im Vorteil, da der größte Teil der Steuerlast erst im Verkaufszeitpunkt anfällt und Sie so von der sogenannten Steuerstundung profitieren. Jedoch wird dieser Effekt seit 2018 durch die Vorabpauschale (eine Mindestbesteuerung auf Fondsebene) abgeschwächt. Es bleibt aktuell ein leichter Steuervorteil bei Thesaurierung.

> Angesichts des stetig wachsenden Finanzierungsbedarfs des Staates ist zu befürchten, dass Kapitalerträge zukünftig einem höheren Steuersatz unterworfen werden. Dies wiederum spräche für ausschüttende und mit der heutigen KESt endgültig besteuerte Erträge. Allerdings ist diese Entwicklung ungewiss. Also entscheiden Sie ruhig auch nach Ihrem Sparziel und Ihren persönlichen Vorlieben, z. B.: Wollen Sie so viel wie möglich sparen, oder freuen Sie sich ab und an über einen warmen Geldregen?

Nr. 3: Art der Index-Abbildung

Es gibt zwei grundsätzliche Möglichkeiten, die Wertentwicklung eines Aktienindex auf Ihren ETF zu übertragen. Die erste besteht darin, dass der ETF-Anbieter tatsächlich alle betreffenden Aktien exakt entsprechend ihrem Anteil im Index in den ETF hineinkauft (**physische** Abbildung oder auch volle Replikation genannt). Dies erscheint simpel und naheliegend, kann jedoch bei einem breiten Index mit z. B. 2.000 Einzelwerten sehr aufwendig werden. Eine akzeptable Unterform dieser Vorgehensweise ist die vereinfachte Abbildung (»Teilreplikation«), bei der die Aktien mit nur kleinen Indexanteilen nicht in die Abbildung einbezogen und somit nicht gekauft werden.

Die zweite Möglichkeit investiert mindestens 90 % der im ETF angelegten Mittel in sichere Anlagen, die jedoch keineswegs dem Index entsprechen oder überhaupt in diesem enthalten sein müssen (**synthetische** Abbildung oder auch Abbildung über Derivate genannt). Im Volumen von maximal 10 % schließt der ETF-Anbieter Vereinbarungen mit Dritten, sogenannte Swap-Verträge, bei denen die sichere Wertentwicklung der im ETF enthaltenen Anlagen mit der (unsicheren) Wertentwicklung des Referenzindex getauscht wird. Synthetisch replizierende ETFs sind – insbesondere bei Indizes mit vielen Einzelwerten – regelmäßig kostengünstiger und bilden den Index exakter ab. Dem steht, zumindest theoretisch in Hinblick auf die 10 %, das Risiko gegenüber, dass der Dritte insolvent wird (sogenanntes Kontrahentenrisiko). Dieses wird in der Praxis dadurch begrenzt, dass Verträge mit verschiedenen Dritten geschlossen werden, die zudem Sicherheiten beim ETF-Anbieter hinterlegen müssen.

Sowohl die physische als auch die synthetische Abbildung funktionierten bislang stets prächtig (auch in den beiden letzten Finanzkrisen). Wenn Sie trotzdem Vorbehalte gegenüber den synthetischen ETFs haben, bleibt Ihnen immer noch eine reiche Auswahl an physisch replizierenden ETFs.

Nr. 4: Laufende Kosten sowie Handelsspanne

Die laufenden Kosten (Ongoing Charges, veraltet: TER = Total Expense Ratio) geben Ihnen Auskunft darüber, was Ihnen der ETF-Anbieter jährlich für seine Dienste berechnet. Die fortlaufenden Kosten werden in Prozent pro Jahr auf Basis des Anlagebetrages berechnet. Diese Angabe ist gerade in der Nullzinswelt sehr hilfreich, wenn auch nicht ganz vollständig. Erst ab dem Jahr 2021 werden Fonds gezwungen, auch ihre Transaktionskosten auf Fondsebene zu berichten. Jedoch enthalten die laufenden Kosten bereits den Löwenanteil aller wiederkehrenden Kosten und sind somit eine wichtige Entscheidungshilfe für Sie. Es gibt sogar ein paar Angebote (auf sehr simple Indizes), die mit laufenden Kosten von 0 % p. a. werben. Und einige – ebenfalls auf einfache Indizes – die zwischen 0,05 % und 0,15 % p. a. liegen. ETFs auf große, marktbreite Indizes liegen meist zwischen 0,2 % und 0,4 % p. a. des Anlagebetrags. Und viel mehr sollten Sie im Normalfall auch nicht ausgeben.

> ETFs mit hohen Kosten von 0,7 % bis rund 1 % p. a. beziehen sich entweder auf exotische Branchen, Themen oder Regionen, oder sie machen Zusatzversprechen, deren Belastbarkeit man intensiver prüfen müsste. Beide Gruppen sind nichts für den Privatanleger, der effizient und in überschaubarer Zeit Geldanlage und Altersvorsorge regeln möchte.

Die Spanne zwischen An- und Verkaufspreisen (Handelsspanne, Spread) von ETFs ist für den Langfristanleger nicht so wichtig, da sie ja nicht jährlich wiederkehrend, sondern nur bei Kauf sowie Verkauf anfällt. Wenn Sie ein Typ sind, der gerne mal umschichtet, sollten Sie auf die Unterschiede in den Handelsspannen verschiedener ETFs auf den gleichen Index achten und liquide ETFs (also solche mit höheren täglichen Umsätzen) bevorzugen. Sind Sie Langfristanleger, dürfen Sie diesen Aspekt getrost vernachlässigen.

Nr. 5: Volumen und Alter des ETF

Grundsätzlich ist die Wahrscheinlichkeit, dass ein ETF wieder vom Markt genommen wird, umso kleiner, je älter er ist (sogenannte Lindy-Regel) und je größer das Fondsvolumen ist. Beide Angaben können Sie bequem auf Marktübersichtsseiten sehen.

Wird ein ETF geschlossen oder mit einem anderen zusammengelegt, ist das zwar kein Beinbruch und Ihr Geld ist nicht in Gefahr. Jedoch haben Sie dann ungewollte Mühe mit der Neuanlage und eventuell auch der Neugewichtung Ihres Portfolios. Auch steuerlich kann die aufgezwungene Auflösung unvorteilhaft sein.

Nr. 6: Sparplanfähigkeit und VL-Fähigkeit des ETF

Sparplanfähigkeit meint, dass Sie regelmäßig (z. B. monatlich oder vierteljährlich) ratenweise in Ihre/n ETF einzahlen. VL-fähig meint, dass Sie in den ETF vermögenswirksame Leistungen ansparen können. Von dem in Deutschland zum Vertrieb zugelassenen ETFs ist nur ein Teil sparplanfähig und ein noch geringerer Teil VL-fähig. Die verbleibende Auswahl ist aber trotzdem noch völlig ausreichend, zumal man beim ratierlichen Ansparen ohnehin mit »Brot und Butter«-ETFs am besten fährt.

Nr. 7: Wertpapierleihe – ja oder nein?

Sowohl traditionelle aktive Investmentfonds als auch ETFs können prinzipiell Wertpapiere des Fondvermögens an Dritte (z. B. Investmentbanken und Hedgefonds) verleihen und damit einen kleinen Zusatzertrag erzielen, der dann mit den Kosten des ETFs verrechnet werden kann. Wertpapierleihe ist dabei noch einmal etwas anderes als die oben erwähnten Swap(Tausch)-Verträge. Doch auch hier gilt: Wenn Sie dies nicht mögen, können Sie ETFs heraussuchen, die eine Wertpapierleihe explizit ausschließen. Die verbleibende ETF-Auswahl wird in diesem Fall für Sie aber recht klein.

Vielleicht hilft Ihnen folgender Umstand bei Ihrer Entscheidung: Wenn Ihr ETF seine Wertpapiere verleiht, besteht eine wesentliche Gefahr darin, dass die Sicherheiten, die der Entleiher für diese Wertpapiere hinterlegen muss, letztendlich schlecht und wertlos sind. Das sogenannte UCITS-Regelwerk der Europäischen Union legt verschärfte Anforderungen für Sicherheiten bei der Wertpapierleihe fest. Schauen Sie also nach ETFs, die nach dem UCITS-Regelwerk zugelassen sind und das **UCITS-Kürzel** im Namen tragen (z. B. *Vanguard* FTSE All-World UCITS ETF oder *SPDR* MSCI ACWI IMI UCITS ETF). Haben Sie mehr Muße, können Sie auch mal die Wertpapierleihe-Richtlinien Ihres angedachten ETFs studieren. Vielleicht finden Sie diese recht vorsichtig und akzeptabel.

Sie wollen mehr wissen zur Auswahl des richtigen ETF? Sehen Sie sich mein Video »ETF – 10 Filterfragen, wie Sie Ihren ETF finden« an. Sie finden es auf YouTube unter den Stichworten »Walz ETF«.

Kosteninformationen lesen und verstehen

Banken, Sparkassen, Versicherungen und andere Finanzdienstleister müssen Kunden über die Kosten und Nebenkosten ihrer Produkte informieren, und zwar

- **vor** jedem Erwerb oder Verkauf eines Finanzproduktes über die zu erwartenden Kosten **(Ex-ante-Kostenaufstellung)** sowie
- **nach** jedem Kalenderjahr über die tatsächlich angefallenen Kosten **(Ex-post-Kostenaufstellung).**

> Geringe Kosten sind in der Nullzinswelt wichtiger denn je! Also: Seien Sie besonders kostenbewusst.

Früher konnten Kosten bestens in vielen unterschiedlichen Positionen versteckt werden. Heute ist das erheblich schwieriger, denn Kosteninformationen sind nun gesetzlich geregelt. Sie bringen Ihnen Klarheit.

Ex-ante-Kostenaufstellung

Eine Ex-ante-Kosteninformation muss dem Kunden laut Gesetz vor jeder Transaktion gegeben werden. Fehlt sie, ist das Geschäft schwebend unwirksam. Anzugeben sind die voraussichtlichen Kosten, die bei der jeweiligen Transaktion konkret auf Sie zukommen. Damit haben Sie zumindest einen Indikator für die zu erwartenden Kosten, eine Art Kostenvoranschlag – und damit eine Grundlage für Ihre Entscheidungen.

Ex-post-Kostenaufstellung

Seit 2019 muss Ihnen Ihr Finanzdienstleister einmal jährlich, jeweils rückwirkend für das abgelaufene Jahr zudem eine Aufstellung über alle tatsächlich angefallenen Kosten und Zuwendungen im Zusammenhang mit Ihrer Kapitalanlage zusenden. Dies nennt sich: Jahresabrechnung oder Ex-post-Kostenausweis, Kostenaufstellung oder Kosteninformation.

> Oftmals missverstanden: Die hier aufgeführten Kosten werden Ihnen nicht etwa noch einmal abgezogen. Sie sind bereits im zurückliegenden Jahr abgeflossen. In der Ex-post-Kostenaufstellung werden sie lediglich im Nachhinein nochmals gesammelt dargestellt und deutlich aufgelistet.

Inhalt der Kosteninformationen

In den Kosteninformationen sehen Sie die zusammengefassten Gesamtkosten bezogen auf Ihren Anlagebetrag sowohl einmal als Geldbetrag (in Euro) und einmal als Prozentangabe.

Das ist interessant, denn damit erkennen Sie, um wieviel sich die Rendite Ihrer Anlage durch die Kosten vermindert. Zudem sind die Kosten der einzelnen Wertpapiere in Dienstleistungskosten, Produktkosten und eventuell auch Fremdwährungskosten aufgeschlüsselt. Auch Zuwendungen, die Ihr Finanzdienstleister erhält, sind erkennbar. Das sind Provisionen, Gebühren und sonstige Geldleistungen sowie nicht-monetäre Vorteile (wie Seminare und Ähnliches). Meist am Ende des Dokumentes sind sogenannte übergreifende Kosten (z.B. Gebühren für das Gesamtdepot) erwähnt. Wenn bestimmte Kosten nicht anfallen, ist eine Null vermerkt.

Sollten Sie die Angaben in den Kosteninformationen nicht verstehen, fragen Sie unbedingt nach. Denn nur wenn Sie verstehen, welche Entgelte, Provisionen und andere Vorteile Ihr Finanzdienstleister erhält, können Sie Finanzprodukte vergleichen und Interessenkonflikte erkennen.

Transparenz ist eine scharfe Waffe

Damit hat der Verbraucherschutz mittlerweile einiges zugunsten der Privatanleger erreicht (verbesserter Anlegerschutz). Die Kosten von Finanzdienstleistungen werden transparenter und können nicht mehr ohne weiteres versteckt oder verschleiert werden. Sie sehen schwarz auf weiß: Was kosten Ihre Zertifikate, aktiv gemanagte Fonds, ETFs, Riester-Fondssparpläne usw.? Wieviel Geld wird Ihnen von Ihrer Kapitalanlage jedes Jahr abgezogen? Die Kosteninformationen sind zwar noch immer nicht vollständig, restlos transparent und miteinander vergleichbar. Aber sie geben Ihnen Auskunft darüber, welche Kosten wie stark an Ihrer Rendite nagen.

Geringere Kosten – höhere Rendite

Es gibt ganz enorme Kostenunterschiede für ansonsten weitgehend gleiche Produkte und Vehikel, ebenso für Beratungsprozesse: Der Vergleich zwischen provisions- und honorarfinanzierter Beratung lohnt sich. Denn wenig informierte Verbraucher meinen ja, dass sie bei Banken, Sparkassen, Versicherungen und anderen Finanzdienstleistern kostenlos beraten werden. Dem ist nicht so: Jeder, der Sie kostenlos berät, ist ein Verkäufer. Jede Dienstleistung hat ihren Preis. Und das ist auch absolut okay. Jedoch sollten Sie diesen Preis kennen. Die Kosteninformationen klären Sie auf und machen Sie entscheidungsfähig. Nutzen Sie diese.

Regelmäßiges Zusatzeinkommen trotz Nullzinswelt schaffen

Sie könnten ein regelmäßiges Zusatzeinkommen gut brauchen? Willkommen im Club, mit diesem Wunsch sind Sie nicht allein! Insbesondere Menschen, die aus dem Erwerbsleben ausscheiden, haben häufig dieses Bedürfnis. Und oft verfügen sie aufgrund von **Ersparnissen, einer Erbschaft oder Schenkung, Abfindungen oder fälligen Ablaufleistungen** über einen Kapitalstock, aus dem sie eine Rente generieren könnten.

Wenn Sie hierbei nur an eine Privatrente eines Versicherers (**Sofortrente** – einmal einzahlen und dann Rente erhalten) denken, schließen Sie, gerade in der heutigen Nullzinswelt, erheblich attraktivere Alternativen aus. Es lohnt sich daher für Sie, Ihre konkrete Situation zu klären und dann zwischen der versicherungsgebundenen Sofortrente und einer **selbstgebastelten Rente** zu entscheiden.

Denken Sie nicht zu eng nur an monatliche Zahlungen. Denn damit schränken Sie mögliche Lösungen unnötig auf Versicherungslösungen ein. Falls Ihr Zusatzeinkommen Ihnen nur quartalsweise oder jährlich zufließt, parken Sie es eben auf einem Tagesgeldkonto und heben monatlich ein Drittel/Zwölftel ab. Diese Mühe sollte Ihnen die höhere Do-it-yourself-Rente wert sein.

Übrigens: Viele Menschen verstehen unter »Rente« lediglich regelmäßige Zahlungen im Sinne von staatlichen Alters-, Berufsunfähigkeits-, Invaliditätsrenten, sowie bAV-, Riester- und Rürup-Renten oder Renten aus privaten Versicherungsverträgen. Fachleute nennen »Rente« jedoch alle Zahlungen, die wiederkehrend (z.B. auch jährlich) in gleicher Höhe zufließen. Dabei spielt es keine Rolle, ob das Einkommen von einem Rententräger herrührt oder nicht.

Ihr regelmäßiges Zusatzeinkommen hängt von drei Zahlen ab

Um die Höhe einer Rente zu ermitteln, benötigen Sie lediglich drei Werte:

- die Höhe des **zur Verfügung stehenden Kapitals** (je mehr Kapital, desto höher die Rente),
- die Höhe der (durchschnittlichen) **Verzinsung** des Kapitals (je höher die Verzinsung, desto höher die Rente),
- die gewünschte **Laufzeit** der Rente (je kürzer die Rentendauer, desto höher die Rente).

Wenn die Höhe des zur Verfügung stehenden Kapitals und die Höhe der (durchschnittlichen) Verzinsung dafür ausreichen, dass Ihre Wunschrente sich allein aus den Erträgen (z. B. Dividenden auf das Kapital) erzeugen lässt, dann müssen Sie den Kapitalstock nicht angreifen. Fachleute nennen das »Rente ohne Kapitalverzehr«. In diesem Fall wird der Punkt Nr. 3 für Sie hinfällig. Sie müssen sich dann über die Laufzeit keine Gedanken machen, denn die Rente läuft (theoretisch) ewig. Dieser Fall ist ideal und für überraschend viele Menschen tatsächlich realisierbar. Folglich sollten Sie zwischen Renten mit und ohne Kapitalverzehr unterscheiden.

Das Prinzip einer lebenslangen Sofortrente vom Versicherer

Das Prinzip der Sofortrente besteht darin, dass der Versicherte einen Kapitalbetrag an den Versicherer gibt. Dieser gewährt eine Rente. Deren Höhe legt er fest, indem er die durchschnittliche Lebenserwartung vieler Kunden hochrechnet. Außerdem nimmt er einen Abschlag vor, um die steigende Lebenserwartung in der Zukunft auszugleichen. Im Ergebnis finanzieren also die Kunden mit unterdurchschnittlicher Lebenserwartung die Renten der Langlebigen. Nach diesem Solidarprinzip funktionieren Versicherungen. Für den Versicherer bleiben aufgrund seiner »vorsichtigen« Kalkulation erhebliche »Sterblichkeitsgewinne« (die heißen wirklich so!) übrig.

Rente ohne Kapitalverzehr

Anna ist 68 Jahre alt und hat vor rund einem Jahr ihren Mann verloren. Ihre Ansprüche aus eigener gesetzlicher Rente sowie Witwenrente sind nicht schlecht, jedoch wäre ein zusätzliches Einkommen von monatlich 500 Euro, also jährlich 6.000 Euro, schon schön. Und zwar am liebsten, ohne das eingesetzte Kapital selbst anzugreifen, da es Annas Wunsch ist, dieses Vermögen nach ihrem Tod an ihre Kinder und Enkel weiterzugeben.

Anna hat das viel zu große und zur Last gewordene Familienhaus verkauft und sich in eine schicke, barrierefreie und zentrumsnahe Wohnung eingemietet. Nun steht ihr – zusammen mit sonstigen Ersparnissen – ein Kapital von 310.000 Euro zur Verfügung. Zusätzlich gibt es eine Liquiditätsreserve von 20.000 Euro, die Anna für den Fall außerordentlicher Ausgaben zu Minizinsen auf einem Geldmarktkonto belassen möchte.

Ein seriöser Honorarberater rät Anna davon ab, die gewünschten 6.000 Euro Zusatzeinkommen durch Abschluss einer privaten Sofortrentenversicherung zu schaffen. Stattdessen legt sie auf seinen Rat hin ihr Kapital in einen global diversifizierten (weltweit streuenden) Aktien-Indexfonds mit überschaubaren Kosten an. Dieser schüttet quartalsweise oder jährlich die Dividenden aus, wodurch sich nach Steuerabzug eine Ausschüttungsrendite von 2,6 bis 3 % p. a. für Anna ergibt. Das sind bei ihrem eingesetzten Kapital von 310.000 Euro rund 8.000 Euro bis 9.250 Euro jährlich. So kommt sie sogar noch mit etwas Puffer auf ihre gewünschte Zusatzrente.

Der Charme einer solchen Lösung besteht zum einen darin, dass sich Anna über die Dauer der Rente (also letztlich ihre Restlebenserwartung) keine Gedanken machen muss. Glauben Sie mir, das kann sehr beruhigend sein! Auch dass die Ausschüttungen wegen des Dividendenwachstums der im Indexfonds enthaltenen Aktien mittel- bis langfristig – natürlich unter kleinen Schwankungen – steigen werden, ist ein klarer Vorteil. Hierbei ist günstig, dass die Dividenden erheblich weniger schwanken als die Aktienkurse der entsprechenden Unternehmen. Und Anna verkauft ja nichts! Nach allen Erfahrungen übertrifft die Dividendensteigerung mittel- bis langfristig die Inflationsrate, sodass Anna sogar real einen Zuwachs ihrer selbst gezimmerten Zusatzrente haben wird.

Zum Vergleich: Beim Sieger eines Tests von Sofortrenten durch »Finanztest« würde Anna bei Einzahlung des Kapitals von

310.000 Euro auf eine lebenslange Jahresrente von knapp 12.000 Euro kommen. Würde sie jedoch früh versterben, würde der Versicherer nur für insgesamt zwanzig Jahre diese Rente bezahlen (Rentengarantiedauer). Die Garantiezahlungen liegen mit knapp 240.000 Euro, also weit unter dem eingebrachten Kapital von 310.000 Euro. Und allein, um eine Nullverzinsung zu erreichen, also durch sämtliche Rentenzahlungen ihr eingesetztes Kapital zurückzuerhalten, müsste Anna noch 26 Jahre leben, also 94 Jahre alt werden. Zudem wird die 20-jährige Garantierente im Zeitablauf nicht angehoben und ihr realer Wert durch die Inflation immer geringer.

Rente mit Kapitalverzehr

Andreas ist glücklich geschiedener Single und geht mit 65 in Rente. Er kommt bei bescheidenem Lebensstil mit seiner gesetzlichen Rente aus, zumal er in einer abbezahlten Eigentumswohnung mietfrei wohnt. Als enthusiastischer Radfahrer plant er für die nächsten 12 Jahre, also bis zum Alter von 77 Jahren, möglichst viele exotische Radtouren in aller Herren Länder. Seine Liquiditätsreserve von 15.000 Euro möchte er nicht anrühren. Aber die zum letzten Geburtstag ausbezahlte Ablaufleistung seines Vorsorgevertrages von 160.000 Euro darf völlig aufgezehrt werden. Denn wenn er mit 78 noch lebt und auf all diese schöne Erinnerungen zurückblicken kann, will er gerne »kleinere Brötchen backen«. Soweit der Plan.

Für Andreas kommt eindeutig eine Rente mit Kapitalverzehr infrage. In der aktuellen Nullzinswelt ist die rechnerische Lösung dafür leider sehr einfach: Denn angesichts der nullverzinsten Anlage sind die 160.000 Euro lediglich durch die 12 Jahre zu teilen, sodass für die »Extratouren« jährlich 13.333 Euro zur Verfügung stehen.

Würde Andreas auf einem Festgeld-Konto durchschnittlich 1 % p. a. erhalten, ergäben sich 14.216 Euro jährlich (die Errechnung können Sie mithilfe des auf meiner Website www.schließlich-ist-es-Ihr-Geld.de/Arbeitshilfen zur Verfügung gestellten Rentenrechners selbst nachvollziehen). Und eine durchschnittlich 2 %-ige Anlage würde zu einer Jahresrente von 15.130 Euro führen, ist aber in der derzeitigen Nullzinswelt schon eher unrealistisch. Aufgrund der 12-jährigen Laufzeit mit jährlichem Entnahmewunsch überhaupt nicht empfehlenswert wäre hier die Lösung auf Basis einer breit gestreuten Aktienanlage (z. B. mittels globalem Aktien-ETF wie bei Anna). Zwar ergeben sich anhand der historischen Durchschnittswerte jährliche Entnahmebeträge von 20.000 bis 22.000 Euro. Jedoch ist Andreas mit **Durchschnittswerten** angesichts seiner Entnahmewünsche nicht geholfen. Dafür ist der Zeitraum einfach zu kurz und die möglichen Abweichungen von den Durchschnittswerten sind zu groß.

Im Ergebnis sollte sich Andreas nun zwischen einer geringverzinslichen selbstgemachten Rente (die Annahme von 1 % p. a. und 14.216 Euro p. a. ist recht realistisch) und einer zeitlich begrenzten Sofortrente über 12 Jahre (also gerade nicht lebenslang) entscheiden. Angesichts der minimalen Zinsen sind steuerliche Überlegungen kaum relevant. Die spannende Frage ist nun, welcher Versicherer eine Sofortrente von mehr als 14.216 Euro p.a. bietet und damit nach Kosten die Minirendite von 1% p.a. übertrifft. Diese Frage können Sie mittels eigener Recherche schnell selbst beantworten. Ich habe keinen gefunden.

Rente bei unsicherer Lebenserwartung

Bei den bisherigen Beispielen war die Rentenbezugsdauer entweder irrelevant (Anna mit ihrer selbstgebastelten Rente ohne Kapitalverzehr) oder vorgegeben (Andreas mit seinem Entnahmewunsch für 12 Jahre Extratouren). Häufig benötigen Menschen jedoch dringend ein **sicheres lebenslanges Zusatzeinkommen**, z.B., um ihre Rentenlücke zu schließen und den Alltag zu finanzieren. Nun kennen wir ja (glücklicherweise) unsere Restlebenserwartung nicht, sodass die dritte Berechnungsgröße für die Rente tatsächlich fehlt. An dieser Stelle kommt die bereits angesprochene Sofortrente von einem Versicherer ins Spiel, die das sogenannte demografische Risiko oder Langlebigkeitsrisiko abdeckt. Der Fachausdruck für solche Policen heißt »Sofortrente«. Das Prinzip der Sofortrente besteht darin, dass der Versicherte einen Kapitalbetrag an den Versicherer gibt. Dieser gewährt eine Rente. Deren Höhe legt er fest, indem er die durchschnittliche Lebenserwartung vieler Kunden hochrechnet. Außerdem nimmt er einen Abschlag vor, um die steigende Lebenserwartung in der Zukunft auszugleichen. Im Ergebnis finanzieren also die Kunden mit unterdurchschnittlicher Lebenserwartung die Renten der Langlebigen. Nach diesem Solidarprinzip funktionieren Versicherungen. Ach ja, und für den Versicherer bleiben aufgrund seiner »vorsichtigen« Kalkulation erhebliche »Sterblichkeitsgewinne« (die heißen wirklich so!) übrig.

Vorab: Sofortrenten führen – gerade in der Nullzinswelt – zu sehr niedrigen Zahlungen. Um überhaupt ihr eingebrachtes Geld wiederzusehen, müssen Versicherte ein recht hohes Alter erreichen. Daher werden diese Policen oft auch als

Ein Beispiel: **Rentner-Ehepaar Lang** (beide 66 Jahre alt) kommt mit den regelmäßigen Alterseinkünften nicht aus und möchte aus den vorhandenen Ersparnissen von 68.000 Euro (neben einer kleinen Liquiditätsreserve) eine möglichst hohe Zusatzrente erzielen. Diese soll – verständlicherweise – bis zum Tod des länger lebenden Ehepartners laufen. Das Angebot des Versicherungspartners der Hausbank bietet ihnen eine jährliche Sofortrente von 2.193 Euro, also knapp 183 Euro pro Monat. Die Langs sind über dieses Angebot sehr enttäuscht. Denn selbst bei einer zinslosen Anlage ihres Geldes könnten sie diesen Betrag bis zu seiner Aufzehrung 31 Jahre lang – also bis zum Endalter 97 – entnehmen. Jetzt verstehen die Langs, was Stiftung Warentest mit »Methusalem-Tarifen« gemeint hat und dass der Versicherer ihnen die Übernahme des »*Lang*-Lebigkeitsrisikos« mit saftigen Abschlägen versauert. Oder anders ausgedrückt: Könnten die Langs ihr Geld (oder zumindest einen Teilbetrag) rentabel am Kapitalmarkt anlegen, so bräuchten sie wenig Substanzverzehr, da ja allein die (Dividenden-)Erträge schon ein Zusatzeinkommen erbrächten.

Die nachstehende Tabelle zeigt die Differenz zwischen der monatlichen Rente aus dem Versicherungsangebot oben (Sofortrente) und einer Do-it-yourself-Rente. Auch wenn die Langs es sich überhaupt nicht vorstellen können, ein Endalter von 97 zu erleben, rechnen sie vorsichtshalber auf dieses Alter, also mit einer Rentendauer von 31 Jahren. Sie stellen gegenüber, welche Rentenhöhe sich bei unterschiedlichen Annahmen für die durchschnittliche Verzinsung ergeben würde. Ausgangspunkt ist die oben errechnete Nullverzinsung des Versicherungsangebotes bei 31-jähriger Rentenlaufzeit.

Gegenüberstellung Sofortrente versus selbstgebastelte Rente mit unterschiedlichen Durchschnittszinsen	Monatsrente bei 31 Jahren in Euro	Rentenbezugsdauer bei 183 Euro
Ausgangspunkt: lebenslange Sofortrente (entspricht 0 %)	183	31 Jahre
Selbstanlage zu 1 % p. a.	211	36 Jahre
Selbstanlage zu 2 % p. a.	242	46 Jahre
Selbstanlage zu 3 % p. a.	275	79 Jahre
Selbstanlage zu 4 % p. a.	310	ewig
Selbstanlage zu 5 % p. a.	346	ewig
Selbstanlage zu 6 % p. a.	384	ewig
Selbstanlage zu 7 % p. a.	423	ewig
Selbstanlage zu 8 % p. a.	462	ewig
Selbstanlage zu 9 % p. a.	503	ewig

Schauen wir uns die Tabelle einmal genauer an: Der Blick auf die Zahlen offenbart Erschreckendes für die Sofortrente und zeigt, wie hoch der Preis für die Übernahme des Langlebigkeitsrisikos ist. Da bekommt der Begriff »Rentenlücke« gleich eine ganz neue Bedeutung ...

Das Angebot der Sofortrente bietet bei 31 Jahren Rentenbezugsdauer eine Monatsrente von 183 Euro. Bei einem erzielten Durchschnittszins von 3 % p. a. könnten die Langs statt der 183 Euro p. m. den attraktiveren Betrag von 275 Euro p. m. entnehmen. Oder der länger Lebende dürfte bei Entnahme der mageren 183 Euro statt nur 31 weitere Jahre weitere 79 Jahre leben – also erst im Alter von 66 + 79 = mit 145 Jahren versterben. Da ein Endalter von 145 sicher kein Spaß ist, rate ich zu der höheren Rente.

Sicher interessiert Sie der Punkt, an dem das Ehepaar Lang alleine aus den Erträgen der 68.000 Euro die in der Sofortrente angebotene Rentenhöhe erhalten würde. Das funktioniert ab einer Durchschnittsverzinsung von 3,2 % p. a. Mit (scheinbar) sicheren Anlagen in der Nullzinswelt ist diese nicht zu erzielen, wohl aber mit einer klugen Kombination aus breit gestreuter Aktienanlage und zinsfreiem Liquiditätspuffer. Dazu unten mehr im Abschnitt »Auszahlungsplan«. Zusätzliche Vorteile dieser klugen Kombination: Das demografische Risiko spielt bei dieser Vorgehensweise keine Rolle mehr und die Entnahmemöglichkeit wird durch Dividendenwachstum über die Zeit steigerbar.

Jedoch muss man realistisch sein und akzeptieren, dass sehr viele Menschen eine unvorteilhafte Gewissheit einem unsicheren Glück vorziehen. Soll heißen: Die mickrigen 183 Euro pro

Monat vom Versicherer wären den Langs lebenslang sicher. Bei dem für die selbstgebastelte Zusatzrente angelegten (Aktien-)Vermögen kann und wird es zu Kursschwankungen kommen, auch wenn sich die Kurse langfristig positiv entwickeln. Wenn das Ehepaar Lang die Kursschwankungen der Aktienanlage trotz breiter Streuung nicht aushält und lieber eine »nominell sichere« Sofortrente anstrebt, so bleibt nur der Anbietervergleich zwischen verschiedenen Sofortrenten. Andere Versicherer – insbesondere die Anbieter kostensparender Nettopolicen – zahlen nämlich durchaus bei den gegebenen Daten statt der 183 Euro monatliche Renten von über 200 Euro.

Abwägung zwischen Garantie und Rendite bei Sofortrenten in der Nullzinswelt

Nach all den Beispielen oben möchten Sie vielleicht eine auf Ihre persönlichen Bedürfnisse zugeschnittene Hilfe. Auf meiner Webseite www.schließlich-ist-es-Ihr-Geld.de/Arbeitshilfen steht Ihnen ein Excel-Werkzeug zur Verfügung, mit dem Sie die für Sie infrage kommenden Varianten exakt errechnen können. Gleiches leistet, wenn auch nur annäherungsweise, die nachfolgende Tabelle.

Deutsche Versicherungsgesellschaften geben oft die mögliche Sofortrente pro 10.000 Euro Kapital an. Daher geht die Tabelle von diesem Betrag aus, den Sie aber beliebig mit Ihrem persönlichen Wunschfaktor hoch- oder herunterrechen können. Haben Sie 155.000 Euro zu verrentendes Kapital, so könnten Sie z.B. mit dem Faktor 15,5 multiplizieren. Alle Daten lauten auf kaufmännisch gerundete Euro und sind auf Jahresbasis berechnet. Dieser Vergleich wird Ihnen Ihre Entscheidung für oder gegen eine Sofortrente erleichtern.

Dauer der Rente	Unendliche Rente = Rente ohne Kapitalverzehr	30-jährige Rente	20-jährige Rente	10-jährige Rente
Rendite 0 %	0	333	500	1.000
Rendite 1 %	100	**378**	554	1.056
Rendite 2 %	200	447	612	1.113
Rendite 3 %	300	510	672	1.172
Rendite 4 %	**400**	578	736	1.233
Rendite 5 %	500	651	802	1.295
Rendite 6 %	600	726	872	1.359
Rendite 7 %	700	806	944	1.424
Rendite 8 %	800	888	1.019	1.490
Rendite 9 %	900	1.558	1.095	1.558

Sie erkennen, wie wichtig es ist, dass Ihr Kapital auch in der Nullzinswelt eine möglichst hohe Rendite erwirtschaftet – und dass dies umso wichtiger wird, je länger Ihre Rente laufen soll.

Schauen Sie insbesondere auf die Abwägung zwischen Rendite und Rentenbezugsdauer. Wenn Sie durch kluge aktienbasierte Anlage nur eine Durchschnittsrendite von 4 % p. a. erreichen, so können Sie mit 400 Euro p. a. pro 10.000 Euro Anlagekapital ohne jeglichen Kapitalverzehr schon mehr entnehmen als bei einer niedrigverzinslichen Sofortrente über 30 Jahre (mit 378 Euro p. a.).

Komplizierte Details von Sofortrenten

Wenn Sie trotz alledem den Abschluss einer Sofortrente über einen Versicherer erwägen, müssen Sie sich leider mit einer Vielzahl von Details, »Kleingedrucktem« und Fachbegriffen beschäftigen.

Die wichtigsten Begriffe rund um die Sofortrente

- **Konstante Sofortrente**: Dies ist der häufigste Fall. Der Versicherer bezahlt lebenslang die gleiche Rentenhöhe. Durch Inflation sinken die Kaufkraft und somit der reale Wert der Rente. Im Lauf von 25 Jahren kann sich die Kaufkraft durchaus schon mal um die Hälfte verringern.
- **Dynamische Sofortrente**: Hier steigt die Rentenzahlung jährlich um einen festgelegten Faktor. Ziel ist es, damit die Inflationsrate auszugleichen. Negativer Nebeneffekt: Der Anfangswert der Rente ist erheblich geringer.
- **Abgekürzte Leibrente**: Hier endet die Rente nach einer vereinbarten Dauer, d. h., der Versicherer zahlt nicht lebenslang, übernimmt also nicht das Langlebigkeitsrisiko. Dafür fällt die Rente deutlich höher aus.
- **Beitragsrückgewähr**: Hier erhalten die Hinterbliebenen im Todesfall den noch nicht als Rente ausgeschütteten Teil der anfänglichen Kapitaleinzahlung (natürlich nach Kosten und ohne Verzinsung).
- **Rentengarantiezeit**: Dies ist die Anzahl von Jahren, für welche die Rente mindestens bezahlt wird, selbst wenn zwischenzeitlich die versicherte Person stirbt. Üblich sind Rentengarantiezeiten von fünf bzw. zehn Jahren. Bei manchen Versicherern sind auch längere Zeiträume wie z. B. 20 Jahre vorgesehen oder optional (bei geringerer Rentenhöhe) wählbar. Alternativ zu dieser Rentenweiterzahlung an die Hinterbliebenen wird oft eine Einmalzahlung angeboten.

Die wichtigsten Begriffe rund um die Sofortrente

- **Garantierte Rente versus Rente mit Überschussbeteiligung**: Während die garantierte Zahlung (relativ) sicher ist, kann die Überschussbeteiligung jedes Jahr unterschiedlich hoch ausfallen. In der aktuellen Nullzinswelt sollten Sie keine nennenswerten Überschüsse erwarten, sondern besser nur mit den Garantiewerten rechnen.
- **Hinterbliebenenschutz**: Es besteht die Möglichkeit, die Rente auf das längere der beiden Leben zu beziehen – wie das auch beim Ehepaar Lang geschehen ist. Ebenso möglich ist es, für den Fall des frühzeitigen Versterbens der versicherten Person zusätzliche Leistungen für Hinterbliebene zu vereinbaren. Beide Möglichkeiten werden von Verbraucherschützern und Sachverständigen sehr kritisch gesehen, da sie zu weiteren Reduktionen der Rente führen. Und je niedriger die Sofortrente wird, umso eher ist der Punkt erreicht, wo die selbst gestrickte Rente vorzugswürdig wird.

Der Auszahlungsplan

Ein Auszahlungsplan (häufig **auch Entnahmeplan** genannt) ist dann die passende Problemlösung für Sie, wenn Sie die sich aus den Erträgen Ihrer Anlage ergebende Rente ganz bewusst durch zusätzlichen Substanzverzehr des angelegten Kapitals erhöhen wollen.

Während alle bisherigen Rechenmodelle (also Rente ohne Kapitalverzehr wie auch Rente mit Kapitalverzehr über eine vorgegebene Laufzeit) zu klaren und eindeutigen Ergebnissen kamen, gibt es bei Auszahlungsplänen keinen Algorithmus, der ein eindeutiges Ergebnis liefert. Vielmehr haben Sie die Wahl zwischen zwei »Risiken«:

- entweder ist am Ende des Lebens noch Kapital übrig oder
- am Ende des Kapitals noch Leben übrig.

Da die meisten Menschen den ersten Fall für weniger schlimm halten als den zweiten, wird zumeist eine defensive Vorgehensweise angeraten, die entweder auf Daumenregeln beruht, oder aber kurzzyklische (z. B. monatliche) Anpassungen der Entnahme empfiehlt.

Daumenregel

Für rentabel in Aktien angelegtes Vermögen wird häufig die Daumenregel von maximal 4 % Kapitalverzehr p. a. genannt. Diese Regel ist aber sehr vage und ermöglicht keineswegs eine konstante Entnahme. Ein heftiger Wertverlust der Kapitalreserve, z. B. von minus 40 %, würde ja auch zu einem Rückgang der künftigen Entnahmemöglichkeit um 40 % führen. Und gerade bei den in der Nullzinswelt beobachtbaren Höchstständen der meisten Aktienmärkte könnte diese Daumenregel zu optimistisch sein.

Daumenregel mit Anpassungen

Hier wird auf die eine Daumenregel eine weitere gelegt: Der Anleger solle einschätzen, ob die Aktienkurse aktuell hoch, mittelhoch oder eher am Boden seien und entsprechend seine Entnahmen anpassen. Dabei widerspricht das sachgerechte Vorgehen gerade dem Bauchgefühl. Da bei hohen Aktienkursen die zu verrentende Kapitalbasis groß ist, dürfen die Entnahmen in Prozent dieses Wertes nur gering sein. Bei niedrigen Aktienkursen (z. B. nach einem Crash) gilt das Gegenteil.

Liquiditätsreserve soll puffern

Zu beachten ist dabei aber Folgendes: Während der Durchschnittskosteneffekt bei Ihren Ansparprozessen Ihr Freund war (vgl. dazu Kapitel »Regelmäßig sparen und investieren«), wird er in der Entnahme zum Feind. Fatal wäre es für Ihre Reserven nämlich, wenn Sie bei hohen Kursen nur wenige Aktien oder ETF-Anteile, aber gerade in Krisen- oder Crash-Situationen zu Niedrigstkursen sehr viele Anteile verkaufen müssten, um Ihre Zusatzrente zu erhalten (negativer Cost-Average-Effekt). Um dies zu vermeiden, sollten Sie den Liquiditätsbedarf für die Auszahlungen Ihrer Zusatzrente mindestens für die nächsten ca. fünf Jahre (Ängstliche auch für acht oder zehn Jahre) vorsorglich sicher und schwankungsarm parken, z. B. auf **Tages- oder Festgeldkonten.** Dass Sie für diesen Teil nur minimale Zinsen erhalten, nehmen Sie bitte stoisch hin – dafür können Sie, auch mit Blick auf die Aktienkurse, ruhiger schlafen. Auf diese Weise können Sie einen negativen Durchschnittskosteneffekt vermeiden, denn Sie müssen Ihren Liquiditätspuffer nicht gerade bei Tiefstkursen auffüllen.

Restrisiko durch defensive Entnahmen minimieren

Um dem Risiko einer zu frühzeitigen Aufzehrung des Kapitalstocks zu entgehen, empfiehlt sich auf alle Fälle eine etwas geringere Entnahmehöhe. Mit anderen Worten: Es ist der kleinere Fehler, wenn nach Versterben noch ein Restkapital verbleibt und der größere, wenn gerade in den letzten Lebensjahren das Geld ausgeht.

Um das Restrisiko von Entnahmeplänen noch eingehender zu analysieren, sind Verfahren vonnöten, die für die meisten Menschen nicht verständlich sind. Ein elegantes und sehr leicht verständliches Werkzeug ist der von *Vanguard* kostenlos im Netz bereitgestellte Ruhestandsrechner – Retirement Nest Egg Calculator –, mit dessen Hilfe Sie in wenigen Minuten das Restrisiko für Ihren konkreten Fall berechnen können oder auch z. B. die mögliche Entnahme für ein Restrisiko von 3 % ermitteln. Über diesen Link gelangen Sie auf die entsprechende Website: https://retirementplans.vanguard.com/VGApp/pe/pubeducation/calculators/RetirementNestEggCalc.jsf

Steigende Renten sind schön!

Sie haben verstanden, dass Sie bei Auszahlungsplänen lieber unter der rechnerisch durchschnittlichen Entnahmemöglichkeit bleiben sollten, um Konstellationen mit extrem negativen Börsenphasen ohne Senkung der Zusatzrente zu überstehen. Und Sie haben auch verstanden, dass die Kaufkraft des Geldes durch Inflation abnimmt und daher im Zeitverlauf ansteigende Renten erstrebenswert sind. Diese beiden Überlegungen passen gut zusammen, sodass Sie als »junger Alter« mit einer etwas geringeren Zusatzrente beginnen und diese dann – von extrem negativen Szenarien abgesehen – im Zeitverlauf anheben können.

Ich habe ein **Excel-Werkzeug** entwickelt, das es Ihnen einfach macht, die für Ihre ganz persönliche Situation relevante Fragestellung durchzurechnen, und zwar wahlweise für konstante Renten als auch für solche, die von Jahr zu Jahr um einen von Ihnen festgelegten Wachstumsfaktor ansteigen. So gewinnen Sie rasch einen Überblick über Ihre Möglichkeiten. Die »Gebrauchsanweisung« ist in einem Lesefeld integriert. Das Tool steht auf meiner Website www.schließlich-ist-es-Ihr-Geld.de/Arbeitshilfen zum Download bereit.

> Auch wenn die von Ihnen benötigte Zusatzrente nicht ohne Kapitalverzehr machbar ist, bedeutet dies nicht, dass Sie eine Sofortrente abschließen müssen. Ein Auszahlungsplan bietet in vielen Fällen eine weit höhere Entnahmemöglichkeit – auch dann, wenn Sie sehr lange leben werden. Nur wenn Sie extrem sicherheitsorientiert sind und sich überhaupt nicht selbst kümmern wollen, kommt eine Sofortrente infrage. In diesem Fall rate ich Ihnen jedoch zu einem sehr sorgfältigen Angebotsvergleich, da die Leistungsunterschiede beträchtlich sind.

Richtiger Umgang mit Altlasten

Mit »Altlasten«, zugegebenermaßen ein krasser Begriff, meine ich Altverträge, Bestandsverträge oder unvorteilhafte bzw. nicht mehr passende Finanz- oder Vorsorgedienstleistungen. Oder auch einfach zu kostenintensive Produkte.

Vorab ein paar wenige Worte, die Ihnen die Beschäftigung mit Ihren Altlasten etwas leichter machen: Hinterher ist man immer schlauer. Wenn Sie heute beim Blick auf so manche Finanzentscheidungen denken »Wie konnte ich nur?«, dann seien Sie etwas weniger streng mit sich selbst. Nahezu jeder von uns hat unvorteilhafte oder überteuerte Finanzdienstleistungen abgeschlossen. Außerdem wird man im Laufe seines Lebens zwangsläufig erfahrener und (durch Schaden) klug. Sie haben gesehen, dass Nichthandeln, Nichtentscheiden und Aufschieberitis ebenfalls schlimme Folgen haben können (z. B. Verluste durch Nullverzinsung bei gleichzeitiger Inflation). Außerdem gab es viele, für clevere Privatanleger vorteilhafte Finanzdienstleistungen früher noch gar nicht (z. B. Netto-Produkte im Versicherungsbereich oder ETFs zur Geldanlage).

Ausgangspunkt: Ihre Privatbilanz

Einen guten Ausgangspunkt für Ihre Aufräumaktion bildet Ihre Privatbilanz (vgl. Kapitel »Die ›Vom Keller bis zum Dach‹-Strategie«). Wenn diese im Verhältnis zur Gesamtsumme sehr viele Positionen aufweist, ist das schon mal ein klarer Hinweis auf Handlungsbedarf. Aber auch wenn das nicht der Fall ist, lohnt sich die ordnende Durchsicht der Altbestände. Also gehen Sie bitte mit guten Gefühlen und einem gesunden Optimismus an die Aufräumarbeiten – ganz nach dem Motto: Heute ist der erste Tag vom Rest meines Lebens. Womit Sie gleich bei einem zentralen Punkt des Aufräumens sind ...

Versunkene Kosten verstehen

Sie können die Vergangenheit nicht mehr ändern (abgesehen von sehr seltenen Ausnahmen wie den »Widerrufs-Joker«, dazu noch später). Aber Sie können ab heute für die Zukunft das Beste aus Ihrer Geldanlage und Vorsorge machen. Dafür nützt es Ihnen, zwischen versunkenen Daten einerseits und entscheidungsrelevanten Daten andererseits zu unterscheiden. Was sich dahinter verbirgt? Hier ein Beispiel zur Veranschaulichung.

Das Paar Manuela und Bernd hat vor mehreren Jahren einen langfristigen Vorsorgevertrag abgeschlossen. Nach heutigem Stand wird der Vertrag bei Fortführung einen Durchschnittszins von 3 % p. a. erbringen. Nun wird Manuela und Bernd eine ansonsten völlig vergleichbare Vorsorgealternative mit 4 % p. a. angeboten. Für unser Beispiel dürfen wir annehmen, dass die Fakten klar sind. Darin soll hier also nicht der gesuchte »Haken« liegen. Die kritische Frage für das Paar ist nun, ob es den Altvertrag aufgeben und das Geld lieber in die vermeintlich höherverzinsliche Alternative investieren soll.

Die Antwort ist scheinbar klar, da doch 4 % mehr sind als 3 % p. a. Diese Denkweise nennt man »Durchschnittsbetrachtung«. Manuela und Bernd sollten jedoch nicht anhand dieser Durchschnittsverzinsungen entscheiden. Statt auf die Durchschnittsverzinsung des Altvertrags, kommt es lediglich darauf an, ob ab heute – also für die Zukunft – das Kapital im alten oder im neuen Vertrag eine höhere Rendite erbringen wird. Und hier kommen nun die Kosten ins Spiel, genauer gesagt, die versunkenen

Kosten. Denn Sie wissen ja: Kosten mindern die Rendite Ihrer Anlage. Je nachdem, wann diese renditemindernden Kosten angefallen sind, kann sowohl die Fortführung des Altvertrags als auch der Wechsel zum neuen Angebot für Manuela und Bernd vorteilhaft sein. Dies zeigen die folgenden Alternativen.

- **Variante 1:** Die Durchschnittsrendite des Altvertrags von 3 % p. a. kommt zustande, weil der Vertrag hohe Abschlusskosten hatte. Diese Kosten sind jedoch versunken, d. h., sie sind nicht mehr entscheidungsrelevant, da Manuela und Bernd sie ohnehin nicht mehr zurückerhalten. Einzig relevant ist die erzielbare Rendite für die verbleibende Laufzeit – und die beträgt in diesem Fall 4,8 % p. a. Diese 4,8 liegen über den 4 des neuen Angebotes. Deshalb sollten Manuela und Bernd in dieser Variante 1 den Altvertrag weiterführen.
- **Variante 2:** Anders sieht es aus, wenn z. B. der Altvertrag von Manuela und Bernd aufgrund der Anlagekonzeption unter der Nullzinswelt leidet, sodass sich die Durchschnittsverzinsung von 3 % p. a. aus einer historischen Rendite von 6 % p. a. und einer künftigen Rendite von nur noch 1,2 % p. a. ergibt. Nur diese 1,2 % p. a. sind für die Zukunftsentscheidung des Paares noch relevant. Verglichen mit den 4 % p. a. des neuen Angebotes sollten Manuela und Bernd also wechseln.

> Die konsequente Unterscheidung von versunkenen gegenüber noch entscheidungsrelevanten Daten/Kosten kann für Sie etliche zehntausend Euro wert sein.

Es bringt nichts, wenn Sie sich über versunkene Kosten oder über Dinge ärgern, die Sie ohnehin nicht mehr ändern bzw. rückgängig machen können. Auch investierte Zeit und Mühe gehören dazu. Viel wichtiger ist es für Sie, die noch beeinflussbaren – also entscheidungsrelevanten – Größen zu optimieren.

Versunkene Kosten manipulieren Ihre Entscheidung

Niemand möchte seine Mühe oder seinen finanziellen Aufwand als verloren sehen. Daher graben wir das tiefe Loch der versunkenen Kosten leider immer tiefer und tiefer. Jedoch: Wenn Sie schon in einem tiefen Loch sitzen, hören Sie wenigstens auf zu graben!

Was bedeutet das nun für Ihre Finanz- und Vorsorgeentscheidungen? Ein eigennütziger FPV wird wahrscheinlich versuchen, Ihnen möglichst hohe versunkene Kosten zu einem möglichst frühen Zeitpunkt aufzubürden. Beispiele für solche versunkenen Kosten sind z. B. Abschluss- und Vertriebskosten, aber auch Agien (Aufgelder) von aktiven Investmentfonds oder bis zu 30 % weiche Kosten beim Abschluss eines Vertrags über einen geschlossenen Fonds. Im Finanzdienstleistungsvertrieb bezeichnet man das beschönigend als »Kundenbindungsmaßnahme«. Ich nenne es ehrlicher: Versuch der »Kundenfesselung«.

Wenn Sie in einem solchen Fall später klug werden oder entweder ganz allein oder mittels eines fairen Beraters zu einer korrekten Bewertung kommen, wird das Ergebnis häufig wie folgt aussehen: Der von Ihnen in der Vergangenheit unterzeichnete Vertrag erweist sich als klar unvorteilhaft, d.h., Sie haben mit der Unterschrift eine Fehlentscheidung getroffen. Jedoch können Sie die versunkenen Kostenkomponenten (z.B. Abschluss und Vertriebskosten) nicht mehr zurückholen. Nehmen Sie diese versunkenen Kosten nun aus der Betrachtung heraus, könnte es durchaus sein, dass Sie, von heute aus in die Zukunft betrachtet, mit der Fortsetzung des Vertrags besser fahren als mit dessen Kündigung und dem Abschluss eines Neuvertrags. Denn für diesen würden dann ja wieder zusätzliche Kosten anfallen, die aus heutiger Sicht nicht versunken und daher entscheidungsrelevant sind. Wirkliche Sicherheit über die richtige Entscheidung erbringt nur eine neutrale Analyse der entscheidungsrelevanten Daten, z.B. durch Verbraucherzentralen oder einen Honorarberater.

Altlasten-Optimierung bei unterschiedlichen Produkten

Optimierung bei reinen Anlageprodukten meist einfach

Bei den meisten reinen Anlageprodukten ist die Altlasten-Optimierung recht einfach, z.B. indem Sie verschiedene Sparbücher sowie sonstige Konten mit Mini-Beträgen auflösen. Haben Sie langfristige Sparverträge abgeschlossen oder z.B. Banksparbriefe erworben, so kann sich das im Nachhinein für Sie sogar noch als vorteilhaft erweisen. Denn Sie bekommen dafür noch vergleichsweise hohe Zinsen, während mittlerweile eine Nullzinswelt herrscht. Lassen Sie solche Positionen also einfach weiterlaufen, so lange es geht.

Optimierung bei Bausparverträgen

Gleiches gilt für bereits länger laufende Bausparverträge in der Ansparphase, sofern Sie hier noch einen Vertrag mit attraktivem Guthabenzins haben und die Liquidität nicht benötigen. In der Nullzinswelt versuchen Banken und Bausparkassen jedoch zunehmend diese für die Institute nachteiligen Verträge loszuwerden und zu kündigen. Sollte Ihnen das widerfahren, können Sie die Kündigung durch eine Verbraucherzentrale überprüfen lassen.

Jüngere Bausparverträge sollten Sie jedoch auflösen. Nach Gebühren erbringen sie nur einen negativen Ansparzins. Ziehen Sie Ihr Geld dort ab und bilden Sie damit Ihre Liquiditätsreserve oder legen Sie es langfristig rentabler an. Auch wenn Sie eine Sparprämie erhalten können, ändert dies nichts an der Entscheidung (siehe hierzu Kapitel »Unvorteilhafte Produkte«, Nr. 2). Lediglich eine prämienschädliche Auflösung Ihres Bausparvertrags sollten Sie vermeiden. In diesem Fall lassen Sie besser den Vertrag bis zum Ende der Mindestfrist laufen, schichten jedoch Sparzahlungen in einen kostenarmen ETF-Sparplan oder einen reinen Banksparplan um. Stiftung Warentest bzw. deren Zeitschrift »Finanztest« bieten hier gute Hilfestellung.

Optimierung bei Krediten mit Festzinsbindung

Die Kündigung von Krediten mit Festzinsbindung lohnt sich im Regelfall nicht, da Sie hierfür der Bank oder Sparkasse eine Vorfälligkeitsentschädigung bezahlen müssen, deren Höhe Ihre Zinsersparnis meist übertrifft. Prüfen Sie jedoch, ob Sie in Ihrem Kreditvertrag zu einmaligen oder jährlichen Sondertilgungen berechtigt sind. Das sind optionale zusätzliche Kreditrückzahlungen, mit denen Sie ohne zusätzliche Kosten Ihre Restschuld, die Restlaufzeit und die Zinskosten vermindern können.

Schwierige Altlastenoptimierung bei Vorsorgeverträgen

Bei langfristigen Vorsorgeverträgen ist eine nachträgliche Optimierung schwieriger und manchmal sogar unmöglich.

Die traurigsten Fälle vorab:

Aus einem unvorteilhaften **Rürup-Vertrag** (Basisrente) kommt der Kunde unter normalen Umständen überhaupt nicht mehr heraus. Er kann lediglich weitere Einzahlungen unterlassen, also den Vertrag stilllegen. Er muss dann jedoch hilflos zusehen, wie die meist hohen Kosten, zusammen mit den durch die Nullzinswelt geschrumpften Renditen, seine künftigen Rentenansprüche aus den bereits geleisteten Zahlungen schrumpfen lassen. An sein angespartes Kapital kommt er bis zur Rentenauszahlungsphase nicht mehr heran (vgl. Kapitel »Unvorteilhafte Produkte«, Nr. 3). Ein Hoffnungsschimmer besteht in einem sogenannten **Widerruf** des Vertrags, wenn die hierfür erforderlichen Voraussetzungen erfüllt sind. Hierzu muss die Widerrufsbelehrung bei Vertragsschluss fehlerhaft gewesen sein. Dann wird der Vertrag rückabgewickelt (vgl. dazu näher den Exkurs zum Widerrufs-Joker am Ende dieses Kapitels). Für Verträge, die bis 2008 abgeschlossen wurden, stehen die Erfolgsaussichten für Widerruf und Rückabwicklung gut. Das sollte man unabhängig prüfen lassen. Für Verträge nach 2008 gilt dies nicht mehr. Außerdem besteht die Möglichkeit, den **Anbieter zu wechseln.** Im Internet gibt es z. B. faire Angebote für Rürup-Fondssparpläne. Voraussetzung ist, dass der Altanbieter dem Wechsel zustimmt. Dann wird das Vertragsguthaben auf den neuen Vertrag übertragen, wofür jedoch zusätzliche Kosten anfallen können. Auf jeden Fall gilt: Den Wechsel vorher von unabhängiger Seite prüfen lassen.

Riester-Verträge kann der Kunde zwar **kündigen.** Das ist jedoch extrem unvorteilhaft. Denn die hohen Kosten sind unwiederbringlich verloren (versunkene Kosten). Dagegen werden die erhaltenen Förderungen und Steuervorteile komplett zurückgerechnet. Der Kunde ist also doppelt gestraft. Im Ergebnis ist von einer Kündigung von Riester-Verträgen abzuraten. Sie können jedoch weitere Einzahlungen unterlassen, den Vertrag also **beitragsfrei stellen** und sich damit zumindest die Zulagen und Steuervorteile erhalten. Mit den für die Zukunft eingesparten Einzahlungen besparen Sie dann eine bessere Anlagevariante, z. B. einen kostengünstigen ETF-Sparplan (siehe Kapitel »Regelmäßig sparen und investieren«). Sie können Ihren bestehenden Riester-Vertrag auch auf einen anderen Anbieter umziehen lassen. In diesem Fall wird Ihr Vertragsguthaben auf einen neuen Riester-Vertrag übertragen. Involviert in den Wechselvorgang sind alter und neuer Anbieter sowie die staatliche Zulagenstelle. Den Wechsel regelt meist der neue Anbieter komplett für Sie. Die Wechselbedingungen und eventuell anfallende Kosten sollten Sie vorher unabhängig prüfen lassen. Ebenso sollten Sie klären, ob sich der Wechsel für Sie lohnt. So ist z. B. der **Anbieterwechsel** von einer klassischen Riester-Rentenversicherung in einen Riester-Fondssparplan meist eine renditesteigernde Option.

Lebens- und Rentenversicherungsverträge sind ein Auslaufmodell (siehe Kapitel »Unvorteilhafte Produkte«, Nr. 4). Das weiß man heute. Leider gibt es noch Millionen Verträge. Auf alle Fälle können Sie schon mal eines machen, wenn Sie einen solchen Altvertrag haben: Stoppen Sie sofort die sogenannte Dynamik (automatische Beitragserhöhung), da jede Erhöhung mit neuen Abschlusskosten belastet wird. Für weitere Entscheidungen müssen Sie jedoch die konkrete Einzelanalyse durch die Verbraucherzentralen, den Bund der Versicherten, einen unabhängigen Versicherungsberater bzw. Honorarberater beauftragen. Selbst in der Lage dazu wären Sie nur, wenn Sie sowohl Zugang zu den internen Vertragsdaten hätten und promovierter Mathematiker sind – doch dann hätten Sie auch keinen solchen Vertrag. Spaß beiseite. Die folgenden Entscheidungsoptionen stehen Ihnen zur Verfügung.

Strategien für Lebens- und Rentenversicherungsverträge	
▪ Weitersparen ohne Dynamik	Das ist für ältere Verträge mit vergleichsweise hohen Garantiezinsen denkbar.
▪ Betragsfreistellung	Bei dieser Option lassen Sie den Vertrag ruhen. Achtung: Hier laufen erhebliche Kostenteile weiter, die Ihre Rendite mindern.
▪ Verkauf der Versicherungspolice am Zweitmarkt (sogenannter Sekundärmarkt für gebrauchte Lebens- und Rentenversicherungsverträge)	Das ist mittlerweile eine nur noch selten funktionierende Option: Der Markt ist klein und intransparent und angesichts der schlechten Situation vieler Versicherer werden attraktive Angebote immer rarer.
▪ Kündigung	Sie erhalten bei Vertragsauflösung den sogenannten Rückkaufswert, der jedoch immer einen Verlust bedeutet. Trotzdem ist die Beendigung eines ungünstigen Vertrags oft besser, als dem schlechten noch gutes Geld hinterherzuwerfen – Stichwort: versunkene Kosten.
▪ Widerruf prüfen und Vertrag ggf. rückabwickeln	Hier ziehen Sie den Widerrufs-Joker. Für Verträge, die zwischen 1994 und 2007 abgeschlossen wurden, kann ein sogenanntes ewiges Widerrufsrecht bestehen, denn hier waren oft die Widerrufsbelehrungen bei Vertragsschluss fehlerhaft. Zur Rückabwicklung siehe den folgenden Abschnitt. Selbst wenn Sie den Vertrag bereits gekündigt und den Rückkaufswert erhalten haben, ist ein Widerruf trotzdem noch

Strategien für Lebens- und Rentenversicherungsverträge

möglich. Dieses zweistufige Vorgehen hat Vorteile: im ersten Schritt zumindest den Rückkaufswert sichern und im zweiten dann noch sehen, was mit einem Widerruf zu holen ist. Weiterer Vorteil: Sie können den Rückkaufswert bereits wieder anlegen und der Streitwert vermindert sich, da es »nur noch« um den Betrag bzgl. des Widerrufs geht.

Exkurs: Der Widerrufs-Joker

Wurden Kunden bei Vertragsschluss nicht ordnungsgemäß über ihr Widerrufsrecht belehrt, steht ihnen möglicherweise nach Jahren noch ein Widerrufsrecht zu. Üben Sie es aus, ist der Vertrag rückabzuwickeln. Das heißt, sowohl der Versicherer als auch der Kunde sind so zu stellen, als hätten sie den Vertrag nie abgeschlossen. Der Kunde erhält seine kompletten Beiträge zurück, und zwar ohne Abzug von Vertriebs- oder Verwaltungskosten. Lediglich ein kleiner Teil kann dem Kunden abgezogen werden, wenn er mit dem Vertrag einen Risikoschutz genossen hat (z. B. Berufsunfähigkeit oder Todesfall). Zusätzlich erhält er aber eine Verzinsung seiner eingezahlten Beiträge, da der Versicherte in der Zwischenzeit ja mit dem Geld des Kunden renditebringend arbeiten konnte. Wie hoch dieser Nutzen für den Versicherer war, muss ebenfalls konkret berechnet werden. Fälle aus der Praxis zeigen, dass dieses »Nutzungsentgelt« bei länger laufenden Verträgen sehr hoch sein kann – gut für Sie als Kunde.

Lassen Sie sich unabhängig beraten, beispielsweise von Verbraucherzentralen. Zum Beispiel prüft die VZ Hamburg für unter 100 Euro Ihre Widerrufsbelehrung. Dazu benötigen Sie Ihre Vertragsunterlagen. Unabhängige Versicherungsberater bzw. Honorarberater, auch spezialisierte Rechtsanwaltskanzleien sind neutrale Gutachter für Ihr weiteres Vorgehen.

Meine Tipps für Sie

- Versunkene Kosten, wie auch Ihre vertane Zeit und Mühe, sollten Ihre Zukunftsentscheidungen nicht beeinflussen.
- Gehen Sie davon aus, dass FPVs, die Sie manipulieren oder verführen wollen, Angebote mit hohen versunkenen Kosten unterbreiten. Je früher diese anfallen (z. B. Abschlusskosten), desto besser für den FPV. Denn selbst wenn Sie nachträglich »schlauer werden«, ist es bereits passiert – die Kosten sind für Sie dann unwiederbringlich verloren. Die fünfjährige Stornohaftung des FPV bei manchen Produkten, wie Lebensversicherungen (anteilige Provisionsrückzahlung, wenn der Kunde innerhalb dieser Frist kündigt) vermindert diesen Effekt nur geringfügig.
- Je weniger und je später Kosten versinken, desto besser ist es für Sie. Flexibilität ist Trumpf und schlägt in vielen Fällen auch steuerliche Vorteile.

Mehr Gelassenheit in finanziellen Dingen

Abgesehen von Kapitel »Typische Anlegerfehler und wie Sie sie vermeiden« und einigen kleinen Randbemerkungen hat sich dieser TaschenGuide bisher stärker an Ihren Verstand als an Ihre Intuition gerichtet. Jedoch sind Intuition und Ihr gutes Bauchgefühl ebenso wichtige Erfolgsfaktoren – und zwar nicht nur für den Erfolg Ihrer Geldanlage und Vorsorge, sondern auch für Ihre innere Ausgeglichenheit, Zufriedenheit und Ruhe. Natürlich sind Geld und Materielles nicht alles. Jedoch gibt es nur wenige Menschen, die so cool sind, dass sie ganz ohne Geld und Besitz glücklich und zufrieden leben können. Stattdessen streben viele nach Gewinn und (Vermögens-)Wachstum bis hin zur Gier und haben Angst vor Verlust und Verarmung. Vielleicht sollten wir Extreme meiden und in sinnvollen und einfachen Kompromissen unsere innere Gelassenheit suchen. Nachstehend habe ich ein paar Überlegungen zum Seelenfrieden rund um Geld und Vorsorge zusammengefasst. Wenn nur eine oder zwei davon Sie erreichen, haben Sie schon einen großen Schritt hin zu mehr Gelassenheit in finanziellen Dingen getan.

Wir suchen den Erlöser – auch in Gelddingen

Leider neigen wir Menschen dazu, die Fähigkeiten und Möglichkeiten von oftmals selbsternannten Experten zu überschätzen. Auch in Gelddingen hätten wir gerne einen »Erlöser«, der uns Rundum-Sorglos-Pakete liefert. Doch es gibt sie nicht, weder die Pakete noch den Erlöser.

Die Überhöhung von Experten führt zu einer Erwartungslücke (Expectation Gap) zwischen unseren Hoffnungen einerseits und dem, was die vermeintlichen Profis tatsächlich leisten können, andererseits. Erwartungslücken enden zwangsläufig mit einer Enttäuschung mit der Folge von Frustration, Desillusionierung und oft auch Schuldzuweisungen und schlechter Laune. Daher sollten wir uns von unrealistischen Erwartungen trennen und

z. B. einfach die Tatsache akzeptieren, dass es immer ungewisse Entwicklungen und Restrisiken geben wird. Niemand – auch kein Experte – kann Märkte voraussagen!

Deshalb sollten Sie die Verantwortung für Ihre Finanzen nicht abgeben, weder an Experten, Berater noch an Ihre Familie. Machen Sie sich nicht von anderen abhängig. Auch wenn Sie in Details Berater und Experten einsetzen, so bleiben Ihre Finanzen stets in Ihrer Gesamtverantwortung. Es ist wichtig, dass Sie die Herrschaft über Ihre Finanzen als wichtigen Teil Ihres Lebens behalten. Und das tut auch Ihrem Seelenfrieden gut.

Einer der schlimmsten Sätze, die ich in diesem Kontext gehört habe:
»Da bin ich offenbar schlecht beraten worden.«

Absolute Sicherheit gibt es nicht! Na und?

Ein großer Teil der Privaten sucht bei Geldanlage und Vorsorge nach Sicherheit. Eine solche Sicherheit wird dabei meist recht nebulös als »Abwesenheit von Risiken« verstanden, wobei eine tiefergehende Auseinandersetzung mit den konkreten Risiken bei Anlage und Vorsorge meist unterbleibt.

Das falsche Bild im Kopf vieler Anleger ist das eines Felses in der Brandung. Der Wind pfeift und die Wassermassen rauschen mit Wucht über den Fels. Jedoch bleibt dieser trotz allem im wahrsten Sinne des Wortes felsenfest und lässt sich nichts anhaben. Anlage- oder Vorsorgeprodukte zu finden, die hinsichtlich aller möglichen Risiken dieser Metapher entsprechen, ist schlichtweg unmöglich. Es wäre ein Anlegerparadies auf Erden. Und das gibt es nicht.

Ersetzen Sie deshalb das falsche Bild vom Fels in der Brandung mit dem realistischeren Bild eines Surfers, der die Wellen locker lächelnd ausbalanciert. Das Brett unter ihm ist keineswegs felsenfest, sondern sogar extrem wackelig. Jedoch kann er mit den Bewegungen unter seinen Füßen bestens umgehen. Und wenn er hin und wieder ins Wasser fällt, dann steigt er einfach erneut auf und das Leben geht weiter.

Wünschen Sie sich also einfach nicht mehr, dass Kurse und Preise *nicht* schwanken. Nehmen Sie diese Bewegungen als Zeichen des Lebens und der Normalität von Märkten hin. Auch dieser Aspekt gibt Ihnen Seelenfrieden für Ihre Finanzen.

Es ist doch nur Geld ...

Noch leichter lässt es sich leben, wenn Sie sich verdeutlichen, dass Ihre finanziellen Risiken nur einen Teil – wahrscheinlich sogar recht kleinen Teil – Ihrer Lebensrisiken ausmachen. Wie stark wird sich Ihr Leben ändern, wenn sich ein Anlageerfolg nicht einstellt oder ein Vorsorgeprodukt weniger Rente als erwartet erbringt? Doch wie stark wird sich demgegenüber Ihr Leben verändern, wenn Sie Ihre Arbeit verlieren und keine neue mehr finden, die Liebe Ihres Lebens Sie verlässt oder geliebte Familienmitglieder oder enge Freunde versterben? Welche Folgen hätte eine schwere Erkrankung oder dramatisch verkürzte Lebenserwartung für Sie? Sie sehen: Die Risiken in Finanzfragen verlieren angesichts einer solchen Betrachtung schnell an Gewicht. Vermeiden Sie es, unnötige Risiken in Finanzfragen einzugehen. Aber sobald Sie Ihre Hausaufgaben gemacht haben, dürfen Sie sich freuen und keine weiteren Sorgen darum machen. Geld bildet für viele Menschen eine große Projektionsfläche, auf die man positive wie auch negative Emotionen beziehen kann. Wenn Sie dies erkannt haben und die Projektionen unterlassen, finden Sie viel mehr Seelenfrieden mit Ihren Finanzen.

Robustheit ist Lebensqualität ...

Alles kann passieren – auch das Gegenteil! Die wichtige Erkenntnis, dass niemand die Zukunft, auch nicht die der Finanzmärkte, vorhersehen kann, führt zur nächsten Einsicht: Sie können sich nicht hundertprozentig gegen unerfreuliche Entwicklungen schützen. Risikomanagement auf der Sachebene (Vermeidung von Ausfall- und Klumpenrisiken, Wechselkursrisiken, Inflation etc.) hat seine Grenzen. Jedoch können Sie die Robustheit Ihrer Geldanlage und Vorsorge erhöhen, also die Widerstands- und Überlebensfähigkeit Ihrer finanziellen Pläne. Das bedeutet: Sie setzen nicht nur auf ein Szenario und Sie werden auch bei seinem Eintreten nicht maximal reich. Das ist auch nicht das Ziel. Sondern Sie sind so aufgestellt, dass Sie in jedem Szenario (egal ob Inflation, starker Zinsanstieg, Euro-Abwertung oder Crash an den Aktienmärkten) noch gut weiterleben können. Fachleute nennen das die »Strategie des geringsten Bedauerns«. Diese Strategie reduziert Ihre Ängste und verbessert Ihren Nachtschlaf. Schon wieder sind Sie näher am Seelenfrieden für Ihr Geld!

... und hohe Verschuldung ist Stress

Natürlich kann man in der Nullzinswelt extrem preiswerte Kredite aufnehmen und z. B. renditebringendes Sachvermögen wie vermietete Immobilien erwerben. Je stärker man den Verschuldungshebel erhöht, desto rentabler wird dies. Zumindest auf dem Papier und zumindest so lange, wie sich an den äußeren Gegebenheiten (Nullzinswelt, kein massiver Konjunktureinbruch, keine Massenarbeitslosigkeit, keine erheblichen Spielregeländerungen durch die Politik) nichts ändert. Jedoch erleben die meisten Menschen hohe Schulden als Stress. Das mit einer hohen Verschuldung einhergehende Risiko nagt am Nervenkostüm. Wenn Sie also nicht nur Konsumschulden meiden, sondern auch mit Verschuldung zur Finanzierung von Investitionen vorsichtig umgehen, schonen Sie Ihre Nerven. Und auch das ist gut für Ihren finanziellen Seelenfrieden.

Einfach machen. Und dranbleiben.

Beginnen Sie. Beschäftigen Sie sich mit Ihren Finanzen, selbst wenn Sie weit spannendere Themen kennen. Fangen Sie an. Machen Sie weiter. Schritt für Schritt. Und Sie werden merken: Mit der Zeit werden Sie eine Verbindung zum Thema Finanzen aufbauen. Sich daran gewöhnen. Es wird Ihnen vertraut werden, so wie Kochen, Autofahren oder alles andere, das auch am Anfang neu und abstrakt war. Ihr Selbstvertrauen in Geldfragen wird steigen. Und auch das wird beruhigend für Ihren finanziellen Seelenfrieden sein.

Zum Schluss: Das ultimative Geheimnis

Herzlichen Glückwunsch, dass Sie diesen TaschenGuide gelesen haben! Sie sind nun auf die Herausforderungen zur erfolgreichen Geldanlage und Vorsorge in der Nullzinswelt gut vorbereitet. Sie haben zahlreiche Fallstricke kennengelernt und wissen um die Möglichkeiten, diese zu umgehen und auch in der Nullzinswelt Ihre Finanzen fest im Griff zu behalten. Sie haben gelernt, mehr aus Ihrem Vermögen zu machen und es vor unnötigen Risiken zu schützen. Es freut mich, wenn Sie allzu großen Respekt vor dem Thema Geldanlage und Vorsorge verloren haben, sich nun in vielen Situationen mehr zutrauen und dort, wo Sie an Ihre Grenzen stoßen, einen wirklich guten und loyalen Berater hinzuziehen, und keinem Finanzprodukteverkäufer aufsitzen, der seine statt Ihre Ziele verfolgt.

Sie haben das ultimative Geheimnis erfolgreicher Geldanlage und Vorsorge kennengelernt. Es lautet: Das Geheimnis ist, dass es kein Geheimnis gibt! (*Christoph R. Kanzler*)

In diesem Sinne wünsche ich Ihnen viel Erfolg bei allem, was Sie anpacken – auch in der Nullzinswelt!

Ihr Hartmut Walz

Stichwortverzeichnis

Der Autor

Prof. Dr. Hartmut Walz

ist ein führender Finanzexperte und Verhaltensökonom. Er lehrt an der Hochschule für Wirtschaft und Gesellschaft Ludwigshafen mit den Schwerpunkten Bankbetriebslehre, Finanzdienstleistungen für Privatanleger und Finanzpsychologie/Behavioral Finance.

Hartmut Walz kennt das Finanzwesen von Grund auf. Nach Banklehre und praktischer Tätigkeit studierte er BWL, VWL und Wirtschaftspädagogik an der Universität Mannheim. Seine Promotion beschäftigte sich mit Fragen der Beratungsqualität bei Finanzdienstleistungen von Privaten. Parallel zu seiner Hochschullehrertätigkeit pflegt er intensive Praxiskontakte durch Consultingprojekte im In- und Ausland.

Als Professor, Redner und Autor hat es sich Hartmut Walz zum Ziel gemacht, so viele Menschen wie möglich mit neutralem Finanzwissen zu versorgen und von den Erkenntnissen der Verhaltensökonomie profitieren zu lassen. Unabhängig von den Interessen der Anbieter von Finanzdienstleistungen, analysiert und bewertet Walz aus Kundensicht. Seine Erläuterungen sind anschaulich, mit leicht verständlichen Bildern und sympathischem Humor.

»Einfach genial entscheiden« und »Einfach genial entscheiden in Geld- und Finanzfragen« sind seine im Haufe Verlag erschienenen aktuellen Sachbücher. Als unabhängiger Finanzfachmann betreibt er einen YouTube-Kanal sowie den Hartmut Walz Finanzblog.

Impressum

Bibliografische Information der Deutschen Nationalbibliothek
Die Deutsche Nationalbibliothek verzeichnet diese Publikation in der Deutschen Nationalbibliografie; detaillierte bibliografische Daten sind im Internet über http://www.dnb.dnb.de abrufbar.

Print: ISBN: 978-3-648-13661-4 Bestell-Nr.: 12011-0001

Hartmut Walz
Ihre Finanzen fest im Griff
Erfolgreiche Geldanlage und Vorsorge in der Nullzins-Welt
1. Auflage 2020

Redaktionsanschrift: Fraunhoferstraße 5, 82152 Planegg/München
Internet: www.haufe.de
E-Mail: online@haufe.de
Redaktion: Jürgen Fischer

Lektorat: Nicole Jähnichen, www.textundwerk.de
Bildnachweis (Cover): © Antonioguillem, Adobe Stock

Haftungsausschluss: Der Autor hat Daten und Berechnungen in diesem TaschenGuide sowie in den Arbeitshilfen sinnvoll und anwenderfreundlich aufbereitet, um dem Leser eine umfassende Informationsmöglichkeit zu bieten. Konkrete Anlageempfehlungen sowie Rechts-, Steuer- oder andere Beratung werden damit nicht gegeben. Für die Richtigkeit und Vollständigkeit der Informationen und Daten sowie für die Folgen aus deren Umsetzung oder Nichtumsetzung, insbesondere eventuelle Personen-, Sach- oder Vermögensschäden, übernehmen Autor und Verlag weder Gewähr noch Haftung. Die in diesem Buch enthaltenen Informationen sind unabhängig und werbefrei. Der Autor erhält für Tipps und Empfehlungen keinerlei Honorar, Kick-back, Beteiligung oder Vergleichbares.